JN015439

A.T. KEARNEY

A.T. カーニー シニアパートナー

久野雅志 編著
Masashi Kuno

最強の
M&A

異質を取り込み
企業の成長を加速させる
指針と動作

東洋経済新報社

活況を呈するM&A市場

　直近の15 ～ 20年間で、日本においても、プライベートエクイティファンド（以下、PEファンドという）によるM&Aだけでなく、事業会社が成長に向けて他社を買収したり、自社のノンコア事業を売却したりすることも一般的となってきた。まずは、2000年からのM&A件数の推移を見てみよう。

　グラフをご覧いただくと、2000年以降、年による増減や景気による変動はあるが、全体としてM&Aの件数は増加傾向になっており、2022年には、2000年に比べてM&A件数は、約2.5倍になっている。これらの背景には、大規模な金融緩和や低金利政策などのマクロ政策によって、市中の資金が増えるとともに、その運用先が限定されることで、M&A資金に向かったとい

図表0-1 ◉ 日本企業が関わるM&A件数の推移

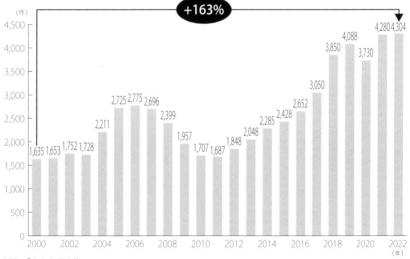

出所：「中小企業白書」（経済産業省）

う側面もあるが、それ以上に買い手と売り手の需給が一致したことが大きい。具体的には、買い手としての事業会社にとっては、グローバルでの競争が激しくなり、研究開発期間が延び、必要な投資金額が大きくなる中ですべて自前で事業開発していたのでは、資金的にも時間的にも競争に対応できなくなったことや、90年代頃からM&Aを経験し始め、成功・失敗体験を積み重ね、自社なりのM&Aの仕方が徐々に確立してきたこともある。また、2000年前後から日本でもPEファンドが本格的に活動を始め、日本に根付き、主要な買い手の一角となったこともある。

　一方で、売り手側の事情としては、国内でもM&Aの成功事例が積み上がるにつれて事業を売却することへの心理的な障壁が低下してきたことや、グローバルでの競争激化に伴うコア事業への集中的な投資が必要となり、ノンコア事業のカーブアウトの必要性が増大したこともある。また、戦後、自ら事業を起こし一代で会社を大きくしてきた創業者からの承継案件や、数自体はまだまだ多くはないが、スタートアップの売却も増えてきた。

　このように、買い手および売り手双方の成熟によって、M&Aの件数は増加してきており、景気変動等に伴う増減は当然あるものの、今後もM&Aの件数は安定的に推移していくものと考えられる。

活況な市場の裏で増大しているリスク

　そのようにM&Aが一般化してきているが、M&Aは必ずしも成功するわけではない。むしろ、一般的には、M&Aは成功する確率の方が低いともいわれている。日本企業も、かつて、海外での成長を求めて、例えば、大手製薬会社がインドの企業を買収したが多額の減損を出したり、大手物流企業がオーストラリアの物流事業者を買収したものの、こちらも多額の減損を計上し、市場から撤退したりするなど、上手くいかなかった例は枚挙にいとまがない。

　近年は、売却プロセスにおける入札が一般化し、買い手間の競争が激しくなるとともに、手元資金が豊富な事業会社が積極的に参加したり、PEファンドにとってLBOローンを調達しやすい環境もあり、入札価格が高騰してきた。そのため、買収価格と買収される企業の純資産との差額が大きくなり、

買い手は多額ののれんを計上することになってきた。

　企業の純資産に対するのれんの比率は、日本企業は6%程度といわれ、国際会計基準を採用し、のれんが定期償却されない欧米企業は4〜5割にも達するといわれており、欧米の競争相手対比で必ずしも高くなく、マクロレベルで見れば、仮にのれんの減損が発生しても直ちに経営危機に陥るレベルではないようにも見える。

　一方で、のれんの計上金額自体は過去最高になっている。『日本経済新聞』の調べによると、2018年時点で、上場企業3,500社ののれんの合計は23兆円を超え、10年前と比べて2倍超となっている。また、全体平均では純資産に対する比率は必ずしも高くないが、個社単位では、大型買収をして多額ののれんを計上している企業を見てみると、軒並み1兆円を超えるのれんを計上していることが分かる。

　近年も大手総合電機メーカーが、買収先の経営不振に伴い巨額の減損を計上し、それに端を発した経営危機とその後の処理に苦戦していることは記憶に新しい。買収時のデューデリジェンスの際には厳格に評価をして値付けし

図表0-2 ◉ 日本企業、欧米企業ののれん計上状況

	日本企業				欧米企業		
順位	企業名	のれんの対純資産比率	のれん金額(兆円)	順位	企業名	のれんの対純資産比率	のれん金額(兆円)
1	ソフトバンク	69%	4.3	1	ABインベブ	180%	15.9
2	JT	67%	1.9	2	AT&T	74%	11.9
3	NTT	11%	1.3	3	GE	98%	9.5
4	武田薬品工業	51%	1	4	BAT	72%	6.7
5	キヤノン	30%	0.9	5	ダウ・デュポン	58%	6.7
6	電通	69%	0.8	6	ファイザー	78%	6.3
7	富士フイルム	26%	0.6	7	ユナイテッドヘルス	100%	6.1
8	ソニー	15%	0.5	8	アラガン	68%	5.6
9	KDDI	13%	0.5	9	サノフィ	69%	5.4
10	三菱ケミカルHD	17%	0.3	10	クラフト・ハインツ	68%	5.0

出所：『日本経済新聞』2018年6月7日

買収していると思われるが、事業環境が変化する中で、ひとたび経営が上手くいかなくなると、多額の減損を計上しないといけなくなるリスクを負っていることが分かる。

のれんリスクに対し、求められるビジネススキル

　M&Aが成長を実現する一手段として浸透する一方で、のれん自体が大きな経営リスクになることも踏まえると、いかに投資時に的確に買収先の企業（以下、対象会社という）の利益・キャッシュ創出力を評価するかが重要となる。

　一方で、のれんは減損の可能性を座して待つだけの時限爆弾ではない。M&Aの成否は、投資後のPMI・バリューアップで決まるともいわれている通り、高額の買収をしたからには、買収後には対象会社の事業実態を理解し、状況に応じたコントロールをするとともに、自社とのシナジーを確実に発現させる活動が重要である。

　また、そもそも、ある会社の売却プロセスが始まって、投資銀行やM&A仲介会社からの声掛けによって、限られた時間内でM&Aを検討するのではなく、自社にとって望ましいM&Aや買収候補先、それらに対し出せる買収価格の目安などを事前に検討しておくこと（＝M&A戦略の策定）が重要である。

　しかし、実務においては、M&Aの基礎に関してまとめた書籍や、逆に高度な理論を紹介する書籍は、これまでもたくさん出版されてきた一方で、ある程度の基礎スキルを身につけたビジネスパーソンが、より実務で具体的にどうすれば良いかに応えている書籍は多くないと感じている。

本書の位置付けと狙い

　グローバルの戦略コンサルティングにおけるリーディングカンパニーであるA.T.カーニーは、これまでに東京オフィスだけでも買収価格にして、数兆円以上のM&Aを支援してきた経験を持つ。まして、グローバルファームとして、各国オフィスおよびクロスボーダーでのM&Aの経験は年数百件におよび、成功するM&A／失敗するM&Aに関して大量の知見を蓄積してきた。

本来であれば、そのような知見はコンサルティングファームの競争力に直結するノウハウであり、門外不出のものであるが、我々は、蓄積された方法論を広く世間につまびらかにすることで、M&Aに関連するビジネスパーソンのスキルが向上し、M&Aの成功確率が向上することで、日本企業のグローバルでの競争力の強化の一助になればと考える。

　M&Aは様々なアドバイザーが関与する複雑なプロセスであるが、その中でも、本書では、戦略コンサルティングファームが主に関与することとなる事業面からの戦略立案、分析・実行について触れたいと思う。具体的には、M&Aのトランザクションが始まる前に実施すべきM&A戦略の立案から、トランザクションにおけるビジネスデューデリジェンスの在り方、買収後のPMI・バリューアップまで幅広く対象としている。これまで、プロセスの全体を概観した書籍や、各プロセス個別に実態を説明した書籍はあったが、M&Aを最上流から、投資後のPMI・バリューアップまで実務に基づいて詳細に説明した書籍はなかったのではないかと考える。

　M&Aのプロセスに関与する人は幅広く、買い手としては事業会社の本社部門の方もいれば事業部門の方もおり、PEファンドの方もいる。また、それらの立場で各プロセスに関わる人以外にも、法律事務所や会計事務所、投資銀行などアドバイザーとしてそれらのプロセスに関わる人もいる。

　本書は、M&Aに全く関与したことがない方が読んでも分かるように配慮し、なるべく平易な言葉を用い、プロセスの全体像を説明しているが、完全な入門書というよりは、M&Aに関し最低限の知識・経験はあるが、実務でやっていくには不安があるという方や、実際に現在そのような状況に置かれ、具体的な分析手法が分からないといった中級者を主なターゲットとしている。そのような方々に、A.T.カーニーのM&Aを担当するチーム（PEMAプラクティス）のM&A実務における知識を開示することで、実務での議論、悩みにこたえることを目的としている。

　また、繰り返しになるがM&Aには様々なステークホルダーが関与するが、本書はそのすべてを網羅的に取り扱うものではなく、M&Aをビジネス側面から整理したものである。ただし、主にビジネスを担当するコンサルティング会社勤務の方以外の方が読んでも、M&Aのビジネス面からの検討の実態理解に役立つものと考えている。

　最後になったが、本書の出版にあたっては、数多くの方々にご尽力いただいた。日頃からのプロジェクトワークや、本書の草稿をご覧いただき様々な示唆をいただいたA.T.カーニー　ハイテクプラクティスの西川覚也シニアパートナーや、A.T.カーニー　消費財小売プラクティスの後藤治シニアパートナー、A.T.カーニー　ストラテジックオペレーションプラクティスの濱口典久シニアパートナーには、厚く御礼申し上げたい。また、本書はPEMAプラクティスのマネージャー層との共同執筆である。共同執筆者であるA.T.カーニー　PEMAプラクティスの三野泰河マネージャー（役職は執筆時、以下同様）、横山治樹マネージャー、福士啓夢アソシエイト、中森毅アソシエイトには、日々プロジェクトワークで忙しい中、本書を練り上げてくれたことに感謝したい。また、本書の企画・構想からお付き合いをいただき、なかなか執筆スピードが上がらない中でも、東洋経済新報社の齋藤様には根気強く辛抱いただくとともにお力添えをいただいた。

　その他、本書の出版を支援してくれたすべての方に御礼申し上げたい。

2023年4月

久野雅志

●まえがき
　活況を呈するM&A市場……1
　活況な市場の裏で増大しているリスク……2
　のれんリスクに対し、求められるビジネススキル……4
　本書の位置付けと狙い……4

Chapter 1
M&Aの3つのフェーズ

§1　M&Aの失敗の原因……16

§2　M&Aの3つのフェーズ……17

§3　本書の基本的な方針と使い方……19

§4　M&A戦略を語る5つのアクション……20
　❶業界で起こっているゲームのルールの変化やイノベーションの萌芽を捉え、
　　ゲームチェンジの可能性を見出す（Chapter 2）……21
　❷現状の制約を取り払い、企業価値が最大化する自社の成長戦略と
　　不足する能力を洗い出す（Chapter 2）……22
　❸買収可否にかかわらず、具体的なM&A候補企業を洗い出す
　　（Chapter 2）……22
　❹候補相手との具体的な買収シミュレーションをする（Chapter 2）……22
　❺買収候補に対し、継続的にアクションを起こす（Chapter 2）……23

§5　トランザクションを語る5つのアクション……23
　❶対象会社が戦っている領域の定義とその有望性の見極め（Chapter 4）……24
　❷対象会社の競争力の源泉の見極め（Chapter 5）……25
　❸これまでの対象会社の戦略と業務プロセス、財務の整合状況の確認
　　（Chapter 5）……25
　❹将来の利益・キャッシュ水準の定量化（Chapter 6）……25
　❺投資後のイニシアティブの整理（Chapter 5）……26

§6　トランスフォーメーションを語る4つのアクション……26
　❶バリューアップのドライバーを見極めた全体プランの設計（Chapter 7）……27

❷実行体制の構築（Chapter 7）……28
❸PMO（Project management office）によるコントロール（Chapter 8）……28
❹クイックウィンによる機運の醸成（Chapter 7）……28
Column ● M&Aの類型と見るべき視点の違い……29

Chapter 2

フェーズ1：
事前にM&A戦略を考える

§1 案件起点ではなく、事前に備えておく……32

§2 ルール変化やイノベーションの萌芽から
ゲームチェンジの可能性を見出す……33
変化のシナリオとゲームのルールが変わるポイントを考察する……33
足元で起こっているM&Aから、潮目の変化や
ゲームのルールの変化を探る……34

§3 制約を取り払い、価値が最大化する成長戦略と
不足する能力を洗い出す……36
自社のありたい姿と成長パターンを考える……36
その際不足する能力や資産を洗い出し、埋め方を検討する……38

§4 買収可否にかかわらず、
具体的なM&A候補企業を洗い出す……39
データベースを活用して洗い出す……39
プロのアドバイザーと連携して洗い出す……40
洗い出した会社を評価してショートリスト化する……41

§5 候補相手との具体的な買収シミュレーションをする……42
シナジーを考える……42
その際のEVやバリュエーションを考える……44

§6 買収候補に対し、継続的にアクションを起こす……45

Column ● 非連続な将来の想定に関係者と合意するのは難しい？……46

Chapter 3

フェーズ2：トランザクションの進め方❶
ビジネスDDの総則

§1 ビジネスDDとは何かを理解する ⋯⋯ 50
　ビジネスDDの目的を理解する ⋯⋯ 50
　他のアドバイザーとの関係性を理解する ⋯⋯ 52

§2 トランザクションの全体像を理解する ⋯⋯ 53
　プロセスを理解する ⋯⋯ 53
　タイムラインを理解する ⋯⋯ 56

§3 トランザクションの特徴を理解する ⋯⋯ 58
　トランザクションの投資命題を理解する ⋯⋯ 58
　アドバイザー以外のトランザクションの関係者を理解する ⋯⋯ 59

§4 各アドバイザーを理解する ⋯⋯ 61
　アドバイザー側の体制を理解する ⋯⋯ 61
　対象会社・FAの体制を理解する ⋯⋯ 62

§5 ロジスティクスを理解する ⋯⋯ 63
　プロトコルを理解する ⋯⋯ 63
　資料共有の仕方を理解する ⋯⋯ 64
Column ● 大げさな名前のプロジェクトは炎上する？ ⋯⋯ 65

Chapter 4

フェーズ2：トランザクションの進め方❷
市場分析の仕方

§1 ビジネスDDにおける市場分析の位置付けと重要性 ⋯⋯ 68
　ビジネスDDにおける市場分析の位置付け ⋯⋯ 68
　市場分析の実務上の難しさ ⋯⋯ 69

§2 **対象会社の市場を"適切に定義"する** …… 70

そもそも"市場"とは何か …… 70

各種市場レポートにおける"市場" …… 70

◉供給サイドから検討した市場 …… 72

◉需要サイドから検討した市場 …… 73

市場を軸で切り分ける …… 73

§3 **市場の"成長性"を評価する** …… 79

市場の成長性評価の難しさ …… 79

対象会社の所属する市場をパラメータに分解する …… 80

パラメータに影響を与えるドライバーを特定する／
ドライバーの今後の変化を予測する …… 85

パラメータ／ドライバーから試算した市場予測におかしな点がないか、
"グラフ化"してチェックする …… 88

§4 **市場の"収益の安定性"を評価する** …… 88

収益の安定性評価の必要性 …… 88

対象会社の所属する市場の"収益構造"を理解する …… 90

収益構造の変化パターン …… 92

収益構造の変化有無／程度を予測する …… 96

終わりに …… 98

Column ● 外部調査機関によって市場規模が大きくズレる？ …… 98

Chapter 5

フェーズ2：トランザクションの進め方❸
自社・競合分析の仕方

§1 **「儲け」を生み出す事業／セグメントを把握する**

（精査の優先順位付け） …… 103

静的な視点で会社を見る（売上で捉える） …… 104

静的な視点で会社を見る（コストで捉える） …… 105

動的な視点で会社を見る（EBITDAの増減で捉える） …… 107

動的な視点で会社を見る（事業計画上の意思を捉える） …… 108

まとめ：「儲け」のポイントを理解し、精査のポイントを捉える …… 109

§2 戦略／財務／業務の観点から「儲け」の構造を解明する …… 110

ビジネスモデルの理解とその競争優位性の評価 …… 111

業態の理解とその意味合い …… 112

分析とは何か？　競合とは何か？ …… 114

自社の勝ちパターンを競合との戦略、それに紐づく業務／
財務指標で比較する …… 116

まとめ：自社の「儲け」の構造＝競争優位性を
戦略・業務・財務の連関で捉える …… 121

§3 「儲け」の構造の変化可能性を評価する
（KPI理解とパラメータ分析・作成）…… 122

精査すべきKPIを見出す …… 123

KPIの過去の動きを押さえる …… 124

将来の事業計画を定量的に見通すため、
KPIの変動要因を押さえる …… 126

KPIの変動要因を「世界観」に分けて将来を見通す …… 127

まとめ：「儲け」の構造の変化可能性をパラメータとして反映させる …… 128

§4 「儲け」の更なる改善可能性を評価する …… 130

良き買収のために必要なバリューアップとシナジーを見出す …… 131

バリューアップ施策の見出し方とその反映 …… 132

シナジーの見出し方とその定量反映 …… 134

ディスシナジー／スタンドアローンイシューを認識する …… 138

まとめ：バリューアップ施策とシナジーを
ビジネスDD期間で見出す意義 …… 141

Column ● データ分析に入る前のデータ整備が一番大変？ …… 142

Chapter 6

フェーズ2：トランザクションの進め方❹
オペレーションモデルの作り方

§1 オペレーションモデルの構造を決める …… 147

過去実績・マネジメントケースを理解する（対象会社の収益構造を理解する）…… 147

詳細分析対象範囲を決める …… 148

プロジェクションの作成期間・発射台を決める …… 149
オペレーションモデルの作成単位・算出ロジックを決める …… 150
パラメータを認識する …… 154
キードライバーを理解する …… 156

§2 オペレーションモデルの枠を作る …… 156
シート構成を設計する …… 157
Output：計算結果を整理する …… 159
Process：売上高・費用を推計する …… 159
Input：対象会社開示資料・その他インプット情報等を一元管理する …… 159
Processにおける分析作業イメージ …… 159
オペレーションモデル作成におけるその他実務上のポイント …… 162

§3 パラメータのロジックを決める …… 168
パラメータの特徴を理解する …… 169
変えやすいパラメータの数値を設定する …… 171
変えにくいパラメータの数値を設定する …… 172

§4 プロジェクション結果の妥当性を検証する …… 173
複数のアプローチで妥当性を検証する …… 174
パラメータを動かしたときの感度を確認する …… 175
オペレーションモデルを修正する …… 176

§5 リスクケース・アップサイドケースを考える …… 178
リスクケース・アップサイドケースの世界観を描写する …… 179
世界観に沿ったパラメータ変化を設定する …… 181
プロジェクション結果を検証する …… 182
Column ● 過去の財務数値と管理会計の数値が一致しない？ …… 182

Chapter 7

フェーズ3：トランスフォーメーションの進め方❶
PMIの総則とBlue print作成

§1 M&AにおけるPMIの位置付け・重要性 …… 187

§2 統合マイルストンとPMI検討領域の全体像 …… 189

統合のマイルストン …… 189

❶ Pre-Closing期（最終契約締結後～Day 1まで）…… 190

❷ 100日プラン策定期（Day 1～Day 100）…… 191

❸ Day 100～統合完了（期間は必要に準じて流動的）…… 193

PMIで検討すべき領域の全体像 …… 194

§3 PMI検討テーマの具体化 …… 195

◉テーマ検討のプロセス …… 195

テーマの優先順位付け …… 197

視点❶クイックウィンを狙う～早期に成果を上げてモーメンタムを作る～ …… 197

視点❷大きな成果を上げる …… 198

視点❸次の成長の種を仕込む …… 198

§4 分科会の組成と運営体制の構築 …… 199

分科会を立ち上げる …… 199

統合プロジェクトの運営体制を構築する …… 201

最後に …… 201

Chapter 8

フェーズ3：トランスフォーメーションの進め方❷
PMOの役割と実務

§1 プロジェクト全体をマネジメントする …… 204

PMO組織を立ち上げる …… 204

◉社内のエースを登用する …… 205

◉PMOは"専任化"する …… 206

全体像を可視化しプロジェクトを推進する …… 207

❶取り組みの全体像の整理・可視化 …… 207

❷各分科会の検討品質の引き上げ・実行性の担保 …… 210

よくある問題1 議論が発散し、些末な論点に時間を費やす …… 212

よくある問題2 議論が詰まり切っていないのに次の議題に移る …… 213

よくある問題3 重要論点の議論が抜け漏れる …… 213

❸分科会間の"ヨコ連携"の担保 …… 215

◉まとめ …… 215

§2 現場を動かす …… 216

手綱は一気に離さない …… 218

§3 アラートを察知し軌道修正する……219

　視点❶進捗速度の十分性を検証する……219

　視点❷検討内容の十分性を担保する……221

　視点❸人的トラブル・コミュニケーションリスクを回避する……222

　①既得権益者の反発……222

　②改革管掌役員・責任者との摩擦……223

　③情報の一人歩きによる恐怖／不安の蔓延……223

Column ● PMOのスキルは、実践を通じてのみ培われる……224

Chapter 9

検討品質を上げる
外部アドバイザーの使い方

§1 外部アドバイザーを活用する対象を決める……226

§2 起用する外部アドバイザーを決める……227

§3 アドバイザーに方針を示す……229

§4 アドバイザーとのコミュニケーションを増やす……230

§5 買い手として意思を込める……231

§6 買収後のトランスフォーメーションでも
　　外部アドバイザーを上手く使う……232

◉あとがき……234

●参考文献・参考サイト……237

●編著者・執筆者紹介……238

Chapter 1

M&Aの3つのフェーズ

　M&Aの成功確率は必ずしも高くない。というのも、M&Aに求められるスキルは非常に幅広く、それらを備えたビジネスパーソンは必ずしも多くないのが実態だからである。

　M&Aは、大きく区分すると、①実際の案件が動き出す前にM&A戦略を定めるところから始まり、②実際に出物があった場合のトランザクション対応、③投資前後からのトランスフォーメーションという3つのステップに分けられる。

　それぞれのステップの進め方、そこで求められるスキルは大きく異なるが、M&Aを成功させるためには、外部アドバイザーの力も借りながら、この3つのステップのいずれにおいても十分な検討をすることが求められる。

　本章では、各論に入る前に、各ステップの概要とそこでの検討の進め方のポイントを眺めたい。

M&Aの失敗の原因

　M&Aが成功する確率は必ずしも高くないといわれている。では、なぜM&Aは失敗するのだろうか。M&Aが失敗する原因として挙げられるのは、コロナの蔓延などのような予測不能な環境変化や粉飾などの人為的な不正関連の見落としを除けば、

- そもそも買収目的が不明確で、買収する先として適当でなかった
- 対象会社の事業性の見極めが十分できておらず、楽観的な事業計画を前提にしてしまった
- 買収後の姿が曖昧で、シナジーの実現／バリューアップができなかった
- 買い手が、買収後に対象会社を上手く経営できなかった

のいずれかが主な原因となることが多い。

　M&Aが一般化する中で、各経営者に尋ねれば、自分たちは事前に十分検討しているし、買収後もしっかりと注意を払って経営していると答えるだろう。それでも失敗するのは、検討したつもりになっているが、本来必要なレベルで検討できていないというスキルの不足に起因すると考える。というのも、M&Aで求められるスキルは非常に幅広く、一朝一夕に習得できるものではないため、各社とも分かってはいるがM&Aを上手く実行できていない。

　M&Aで求められるスキルについては、後ほど詳述しようと思うが、例えば、トランザクションの際には、スキームの検討やバリュエーションといった金融面のスキルに加え、対象会社を見極めるためのビジネスの理解、交渉する際のコミュニケーション能力、それ以外にも法務や労務、ITなどの知識が求められる。また、買収成立後には、対象企業との統合作業が始まり、バリューアップの推進も必要となる。そのような場面では、業務やシステム

の理解が求められるし、実際のバリューアップの場面では問題解決能力や、プロジェクトのマネジメント能力が求められる。また、買収交渉の場面やバリューアップの現場では、多くの困難が起こり、それらを乗り越えるリーダーシップも必要となる。

　各社とも、適宜外部アドバイザーを起用しながらM&Aを行っているものの、買収の判断や投資後の経営は自ら行う必要があり、そこでの判断や経営スキルの質がM&Aの成否を分けている。

Section 2 M&Aの3つのフェーズ

　M&Aは買収前の検討から買収後の対象会社の経営まで幅広いが、ビジネスの観点からM&Aを捉えると、M&Aは大きく3つのフェーズに分けて考えるのが良い。最初は、M&A戦略を考えるフェーズである。これは、自社の戦略を考え、そのありたい姿を実現するために、自前での取り組みに加えて、足りないピースを埋めるために、どのようなM&Aが必要かを主体的に考え、そこに適する企業に対し、こちらから主体的に買収のための動きを仕掛けていくというフェーズである。

　次は、実際に案件が出てきたときに、その会社を買収した方が良いのか、しない方が良いのか判断するフェーズ（＝トランザクションフェーズ）である。この中では、ビジネス観点では、対象会社の競争力と市場の動向を見極めて、対象会社が将来にわたって、どの程度、利益・キャッシュを創出できるのか判断するビジネスデューデリジェンス（以下、ビジネスDDという）を行うフェーズである。

　最後のフェーズは、買収後のPMI・バリューアップ（＝トランスフォーメーション）である。実際に投資をした後に、対象会社と業務やシステム、会計、人

図表 1-1 ● M&A の 3 つのフェーズ

M&A戦略フェーズ	トランザクションフェーズ	トランスフォーメーションフェーズ
狙い 自社の戦略に不足する機能を埋めるピースの探索・発見	具体的な案件の投資是非、買収金額を判断	投資時の狙いの発現
主な留意点 ・現状の延長線上のmost likelyなケースだけでなく、企業価値を最大化させ得るオプションも考える ・その際に、不足する機能を埋めるピースを、ゼロベースかつ、網羅的に探索する	・極めて限られた時間内に、投資の判断が必要 ・限られた情報をもとに、買収後の成長・シナジーの絵姿を描く必要がある ・多様な関係者を同時的にマネージする必要がある	・改革テーマを明確に絞り、その実現に向けたアクションを可能な限り具体化する ・複数の改革テーマの進捗を同時に管理する ・改革にモーメンタムを生むためにもクイックウィンが必要
起こしがちなミス ・M&A戦略を考えなくても当座の不都合はなく、M&A戦略を立てない ・たまたま見えている案件のみを対象に検討を進める	・十分な準備がないままに、案件の検討をして、不要な買い物、過度に高い価格で買収する ・十分検討しきれず、魅力的な案件であっても、投資判断ができない	・明確な期限がないため、計画策定や、実際のバリューアップ活動が緩慢になる ・対象企業を管理できずに、実質的に経営を任せっぱなしになる

出所：A.T.カーニー

18

事などを統合する作業に加え、自社と対象会社のシナジー実現に向けて、各種プロジェクトを起こし、ビジネスDD時に描いたシナジーの実現に向け具体的な活動の設計と、その実行を行うフェーズである。

この3つのフェーズで求められるスキルは大きく異なるため、それぞれ分けて考えていく必要がある。

Section 3 本書の基本的な方針と使い方

先述の通り、M&Aに関連するスキルは、非常に幅が広い。加えて、その一つ一つも、高いレベルでの問題解決能力やコミュニケーション能力などが求められる。そのため、現在の国内には、M&Aを一気通貫で完結できる人材は、ごく一部の企業にしかいないのが実態ではないだろうか。そこで、本書は、そのような状態に鑑み、意欲あるビジネスパーソンが、効率的にM&Aの3つのフェーズで求められるスキルを伸ばすために、それぞれのM&Aのフェーズで考えるべき論点、その論点に対して分析・検証をする際の頭の使い方、実際の分析イメージを豊富に載せることとした。

また、これまで個別に語られることの多かった3つのフェーズを、それぞれが連関し作用しあうものと位置付け、前フェーズでの検討を踏まえ、後続フェーズでは何を考えるのか、また、後続フェーズを見据え、先行フェーズでは何を考えておかないといけないのかにも留意した。

本書の基本的な方針としては、効率化や単純化に役立つテクニックやTIPs的なものの紹介はほとんどせず、モノの考え方や作業の基本的な指針となるような要素の説明に多くのページを費やしている。一見遠回りのようにも見えるが、各フェーズで求められる基本動作を学ぶことで、多種多様なM&Aに対し自分の頭で考え、解決できる能力を養いたいと考える。

本書の使い方としては、基本的には冒頭から順に読み進めていただくことを推奨しているが、M&A戦略の策定、ビジネスDD、PMI・バリューアップにおいて、個別の悩みや課題がある場合には各フェーズを解説した各章を個別に読んでも十分役立つ内容となっている。ただし、先述の通り、テクニックやTIPsではなく、考え方の基本が書かれているため、必ずしも簡単な内容ではなく、一度読んだだけではその内容を十分理解できないかもしれない。それでもかまわないので、まずは全体もしくは各章を読み終えてほしい。その上で、繰り返し読み返すことで、その含意を徐々に理解してもらえれば幸いである。

　次章以降で、各フェーズの詳細な視点や分析例を紹介するが、各論に入る前に本章で、それぞれのフェーズにおける要諦を概観しておきたい。

Section 4 | M&A戦略を語る 5つのアクション

　まず、M&Aは、本来M&A戦略を立てるところから始まる。しかし、多くのM&Aでは、投資銀行やM&A仲介会社から案件が持ち込まれたり、たまたま事業で知り合ったところから案件が出てきたりして、その案件ありきで検討が始まることが多い。このようなM&Aも、自社では見つけられない案件や、通常アクセスできない案件が持ち込まれることもあるというメリットもある一方で、トランザクションが進んでから検知したために、十分に検討に時間を割けず、重要論点について検証・議論を尽くさないまま買収してしまったり、リスクを見落として不当に高値で買ってしまったりすることにつながりやすい。また、それとは逆に、検討時間が足りなかったために、経営判断ができず、（本来は適した案件であったにもかかわらず）買収を断念してしまうことも起こってしまう。

そうならないためには、事前にM&A戦略を策定し、それに則ってこちら側主導で案件探索をすることが重要である。そのためには、次の5つの準備・アクションを取っておくことが重要である。

❶業界で起こっているゲームのルールの変化やイノベーションの萌芽を捉え、ゲームチェンジの可能性を見出す（Chapter 2）

　市場で起こっている変化やゲームのルールの変化を先読みし、自社がどのようなポジションを占めるようになると競争力を獲得できるようになるのかを考える。その際には、単なるPEST分析による現状の記述にならないように留意する。非連続な未来のシナリオを複数用意しながら、一定の不確実性の中で将来を想定し、その中で競合がどのように出てきそうなのか、自社がどう行動すると競争がどう変化するのかなどを見極める。

図表1-2 ● M&A戦略を語る5つのアクション

Action1（Chapter 2）	業界で起こっているゲームのルールの変化やイノベーションの萌芽を捉え、ゲームチェンジの可能性を見出す
Action2（Chapter 2）	現状の制約を取り払い、企業価値が最大化する自社の成長戦略と不足する能力を洗い出す
Action3（Chapter 2）	買収可否にかかわらず、具体的なM&A候補企業を洗い出す
Action4（Chapter 2）	候補相手との具体的な買収シミュレーションをする
Action5（Chapter 2）	買収候補に対し、継続的にアクションを起こす

出所：A.T.カーニー

❷現状の制約を取り払い、企業価値が最大化する 自社の成長戦略と不足する能力を洗い出す (Chapter 2)

　そのような一定の幅で将来を想定し、その中で自社の戦略を描くのだが、その際にはすべて自社で取り組むことを前提に計画を検討してはならない。多くの企業の場合、企業価値を最大化するオプションが別にあっても、それが他社の買収などを伴う場合には、無意識に計画検討段階で除外していることが多い。確かに日々の事業を運営するために作成する計画において、可能性が低いケースを前提にはできない。しかし、可能性は低いが実現できれば、企業価値が最大化するようなオプションを排除しないためにも、将来のありたい姿を描くときには、検討段階では最大限ストレッチしたときにどのような姿になり、そのときに足りないピースは何で、どうすれば埋めることができるかを考えることが必要である。

❸買収可否にかかわらず、具体的なM&A候補企業を 洗い出す (Chapter 2)

　ひとたび企業価値を最大化するオプションが可視化され、不足する能力が洗い出されたら、それを補完するのに相性が良い企業を洗い出す。その際には、知っている企業の中で考えるのではなく、上場・非上場問わず、関連分野の企業を網羅的に洗い出すことが重要である。その際には、すべての企業をつぶさに調査することはできないため、上場・非上場企業のデータベースをもとに、まずは領域や財務基準で簡単なスクリーニングをした上で、該当する企業を詳細に見ていき、有望な企業のショートリストを作る。

❹候補相手との具体的な買収シミュレーションをする (Chapter 2)

　この段階では、対象会社に接触しているわけではなく、対象会社に関して詳細な内部情報を得ることはできない。しかし一方で、上場企業であれば、有価証券報告書や各種IR資料、非上場であっても業界紙の記事や経営陣のインタビューなどから一定の情報が取れることが多い。そういった情報をも

とに、買収した場合にどのようなシナジーが得られるのか、それによって自社の企業価値はどの程度上がりそうか、また買収するにはどの程度資金が必要となりそうかについて、極力具体的に試算しておくことが重要である。この時点で、定量化しておくことで、是が非でも積極的に実現に動いた方が良い案件なのか、ある程度動きがありそうであれば対応する案件なのか、むしろこの段階で検討外にすべき案件なのかの意思決定ができる。

❺買収候補に対し、継続的にアクションを起こす（Chapter 2）

　以上のようなプロセスを通じて、絞り込まれた企業は、自社の意思だけですぐに買収できるものではない。ただ、受動的に売却話があるまで待っていても、そのようなトランザクションが起こる可能性は高くない。そこで、自社から積極的に買収の可能性を模索することが必要となる。M&Aが上手い企業の経営陣の中には、自ら相手の経営陣に手紙などを送り、協業や買収の可能性を模索している企業もある。それも、当然一度の手紙で結果に結びつくことはなく、毎年送り続けて、タイミングが成就して買収に結びつけるといったこともある。それ以外にも、証券会社やM&A仲介会社に依頼をして、先方の意向や交渉の余地などをサウンディングしてもらうといったことも組み合わせて実施する価値がある。

| Section 5 | トランザクションを語る 5つのアクション |

　トランザクション、特にビジネスDDにおいては、限られた時間内で対象会社の儲けのポイントと市場の有望性を見極め、将来における利益・キャッシュの創出力を定量化することが重要である。ビジネスDDは常に限られた

時間との競争となり、対象会社の事業と事業環境に関し、すべてを調査しきることはできない。そのため、論点に関して優先順位を付けながら、投資判断を左右する重要なポイントに関して、多くの時間を使う必要がある。各トランザクションにおいて、投資判断を左右する重要な問いは千差万別であり、一義的に定めることは難しいが、あらゆるトランザクションにおいて、次の5つのアクションは共通している。

❶対象会社が戦っている領域の定義とその有望性の見極め
（Chapter 4）

対象会社がどの領域で戦っているのか、その境界を正しく描写することがビジネスDDの第一歩となる。大括りの市場を定義していると、市場の動向を正しく捉えることができない。例えば、ゲーム市場として全体で捉えても、据え置き型ゲームの市場の推移と、オンライン・ソーシャルゲームの市場の推移は全く異なる。製品セグメントの違いだけではなく、高価格帯の市場と

図表 1-3 ● トランザクションを語る5つのアクション

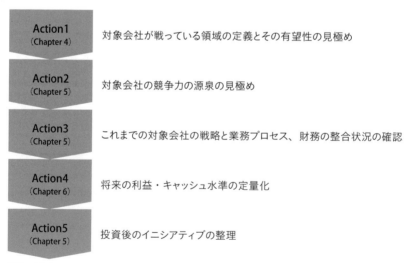

Action1（Chapter 4）	対象会社が戦っている領域の定義とその有望性の見極め
Action2（Chapter 5）	対象会社の競争力の源泉の見極め
Action3（Chapter 5）	これまでの対象会社の戦略と業務プロセス、財務の整合状況の確認
Action4（Chapter 6）	将来の利益・キャッシュ水準の定量化
Action5（Chapter 5）	投資後のイニシアティブの整理

出所：A.T.カーニー

低価格帯の市場でも動向が違うなど、市場をどう定義して、対象会社がどこで戦っているのか定義することが重要である。

❷対象会社の競争力の源泉の見極め（Chapter 5）

　対象会社のビジネスモデルは何がユニークなのか、なぜ競合対比で勝てているのかを描写することが、この作業の最大の目的である。そこにおいては、単に営業が強いとか、価格が安いといった単一の要素の競争力を評価するだけでなく、企業の各機能それぞれが有機的にどうつながって、競争力を生み出しているのかを描写することも必要である。Chapter 5で詳述するが、例えば、「○○のような営業の強みがあり、ものを売るだけでなく顧客の潜在ニーズを上手く聞き出せるため、研究開発における空振りが減り、他社比で少ないR&D費用でも、競争力のある商品が開発でき、結果的に営業が物を売りやすくなっている。売りやすい商品があるため、営業も顧客の元に行きやすく、さらに潜在ニーズを聞き出せることが強みである」といった、企業活動を有機的に描写しながら強みを記述することが重要である。

❸これまでの対象会社の戦略と業務プロセス、財務の整合状況の確認（Chapter 5）

　前項で見極めた競争力の源泉が、戦略と、それを支える業務プロセスやオペレーション、組織構造で支えられ、結果として財務数値に表われているか、またその結果が市場シェアなどのデータに表われているか確認する。

❹将来の利益・キャッシュ水準の定量化（Chapter 6）

　そのような儲けのメカニズムをもとに、それらを計数計画に落とし込んだときにどうなるか。今後、市場でのポジションはどう変化して、その結果売上高はどう推移するか。調達環境や生産性改善などを見込み粗利率や営業利益率はどう推移するかを見極め、EBITDAまで落とし込む。

❺投資後のイニシアティブの整理（Chapter 5）

　計数計画に盛り込んだ各種改善活動や、買い手とのシナジーなどを実現するために必要なイニシアティブを定義するとともに、それ以外にも機能強化が必要な要素を洗い出し定義する。また、買収時の計数計画に織り込むにはやわらかく、計画化は断念した取り組みについても、買収後に取り組むことでアップサイドが見込めるものとして、その活動を定義する。これらを整理することによって、買収後やるべきことが明らかになるとともに、それをもとに対象会社と今後のアクションを議論するたたき台となる。

Section 6 | トランスフォーメーションを語る4つのアクション

　実際に投資をしたら、その後PMIやバリューアップ（=トランスフォーメーション）が待っている。そこでは、対象会社の幅広い業務を理解した上で、どこをどう押せば実際にインパクトにつながるか設計する必要がある。ビジネスDDフェーズにおいても、その時点の限られた情報をもとに、投資後のバリューアップのプランや、それ以外にも必要な機能強化や構造改革についてとりまとめをすることも多い。しかし、限られた情報をもとに設定したものであり、投資後においては、より広範な情報に接することができ、会社の実態に対する理解の粒度は上がっている。そこで、インパクトを実際にもたらすPMI・バリューアップのためには、このフェーズでは次の4つのアクションをすることになる。

❶バリューアップのドライバーを見極めた全体プランの設計
（Chapter 7）

　対象会社を買収したらITや本社機能などのバックオフィスの効率化・統合は、多くの案件において対象となる。しかし、本来のPMI・バリューアップにおいては、そのような効率化だけではなく、2社が一緒になったからこそできるトップラインの向上・効率化の追求が重要となる。その際には、経営上インパクトが大きい取り組みから、ちょっとした改善活動まで幅広くあるが、買収後にやらなければならないことが多岐にわたる中で経営としてすべてを追求することは難しい。そこで、経営が重点的に追求するのは、各社のEBITDAにとって、インパクトが大きいものを特定し、その実現に活動のすべてを集中する必要がある。

図表1-4 ● トランスフォーメーションを語る4つのアクション

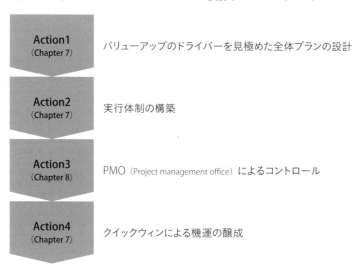

Action1（Chapter 7）　バリューアップのドライバーを見極めた全体プランの設計

Action2（Chapter 7）　実行体制の構築

Action3（Chapter 8）　PMO（Project management office）によるコントロール

Action4（Chapter 7）　クイックウィンによる機運の醸成

出所：A.T.カーニー

❷実行体制の構築 （Chapter 7）

バリューアップのドライバーを踏まえて検討の全体プランができたら、その体制構築が重要である。各バリューアップ策を検討テーマに仕立てて、それぞれに検討リーダーを立てる。ここで、各テーマに関し、誰を検討リーダーにするかが重要である。部門長クラスであれば重要な意思決定ができる一方で、反対勢力の可能性もある。改革意識の高い中堅クラスであれば検討スピードは上がるものの、重要な意思決定者からの賛同が得られず停滞する可能性もはらむ。そこで、誰であればスピーディーに改革できるのか、潜在的な反対勢力をどうグリップしておくかが体制構築のポイントとなる。

❸PMO （Project management office） によるコントロール （Chapter 8）

このようにして、各取り組みに対して検討の推進体制が構築されたら、あとはそのフォローアップだけをすれば良いかというとそうではない。トランスフォーメーション時には、場合によっては5〜10くらいの取り組みが並行して進むこととなり、その全体のプログラムを統合的にコントロールし、必要な意思決定を適宜行ったり、進捗が遅れているところの支援や、場合によっては具体的な取り組みの検討の中に入っていって検討支援をしたりすることが重要となる。

現場を中心にした取り組みチームでは、当初掲げていた本来の目的に対し、実際の検討が徐々にズレていってしまうことも多い。また、日々現場を見ているが故に、ボトルネックやできない理由が先行してしまい、本来のゴール感とは乖離したちょっとした改善活動に留まる検討に陥ってしまうことも多い。それらに対し、PMOが本来の目的、目標に則って検討の軌道修正をすることが重要である。

❹クイックウィンによる機運の醸成 （Chapter 7）

また、改革の推進に重要なのがクイックウィンの実現である。被買収企業では、最初は誰もが改革に疑心暗鬼であったり、不安を抱えていたりするも

のである。また、仮に成果がなかなか出ないと改革を主導している経営陣や、買い手企業に対する不満が爆発する可能性もある。そこで、ちょっとした成果でも良いので、早期に成果を出し、現在の検討を進めていけば成果が出るのだという実感を持ってもらうことが重要である。

　また、その出た成果に対し、経営陣が率先して賞賛して組織として褒める雰囲気を作ることが、改革に対する運動論となり、改革のスピードが上がっていくこととなる。

　まず、本章では、詳細な説明に入る前に、M&Aの3つのフェーズに関して、どんなことを考える必要があるかについて簡単に触れてきた。それでは次章から順に、M&A戦略の立案の仕方、トランザクションの進め方、トランスフォーメーションの進め方に分けて、それぞれ具体的にどのような点に留意しながら進めると良いのかについて、考えるべき論点、その論点に対して分析・検証をする際の頭の使い方、実際の分析イメージを併せて紹介していきたいと思う。

....

Column
M&Aの類型と見るべき視点の違い

　一口にM&Aといっても様々な類型がある。M&Aの種類の分類の仕方は百家争鳴であるが、本書ではM&Aを大きく①市場浸透型M&A、②ボルトオンM&A、③新市場進出型M&Aの3つに分類したい。

　①の市場浸透型M&Aは、既存市場において主な競合などを買収するM&Aを指す。このM&Aの類型では規模の経済による市場内ポジションの向上と効率化を主な目的とし、ロールアップのためのM&Aなども含まれる。当該類型のM&Aにおいては、同業種のプレーヤーを買収することになるため、その市場環境や競争環境などは自事業を通じて精通していることも多い。そのため、トランザクションにおける見極めポイントは、買収することによっ

て、どのような観点で規模の経済を利かせることができ、その結果どの程度収益が向上するかを見極めることである。また、同種の企業のM&Aであり、投資後はどこまでの機能を、どちらに合わせていくのか、当初想定したシナジーをどう実現させていくのかが重要な命題となる。

②のボルトオンM&Aは、自社では不足する機能を補完するためのM&Aを指す。例えば顧客への商流の確保であったり、顧客基盤そのものであったり、製品技術やブランドなどを補完するためのものである。この類型のM&Aにおいても、同業種や関連業種のプレーヤーを買収することになることが多いため、基本的な市場環境や競争環境については精通していることが多い。そのため、トランザクションにおける見極めのポイントは、本件M&Aで得ようとしている対象会社の機能や能力が本当に競争力を有するものなのかという評価と、それを得たときに自社の事業をどのように伸ばせるのかという評価が中心となる。また投資後においては、獲得した機能や能力をもとに自社の事業を伸ばすことが必須であり、トランザクション段階からその責任者を巻き込んで、その計画に対しコミットメントを得ておくことが重要である。

③の新市場進出型M&Aは、既存事業における海外などの新市場で橋頭堡を得るためのM&Aであったり、多角化のための新規事業を獲得するM&Aなどを指す。その類型のM&Aにおいては、新たな領域に進出するということで、対象会社の主戦場の事業環境に関し、そこまで精通していないことが多く、トランザクション時には、事業性の理解・見極めが非常に重要となってくる。また、投資後のトランスフォーメーション段階においても、自社内には、対象会社の事業に精通している人は少なく、知見がそれほどない企業を経営していく必要があり難易度は高い。

Chapter 2

フェーズ1：
事前にM&A戦略を考える

　案件の持ち込みがあってから検討を始めているようでは、良い案件を獲得することはできない。自社にとって最も望ましいM&Aはどういったものなのかを事前に検討して、それに基づき、こちらから主導的にM&Aを仕掛けていくことが重要である。

　そのためには、数年に1回は、将来の環境がどのように変化しうるのかいくつかシナリオを持ちつつ、そのシナリオの中で自社がどう動くとゲームチェンジできるのか、自社の企業価値を最大化する戦略オプションにはどういったものがあるのかを考えることが重要である。

　その際には、自前ですべて行う前提ではなく、現実的な制約をすべて取り払った場合にどのようなオプションがあり得るのかを考えることが求められる。

Section 1

案件起点ではなく、事前に備えておく

　まえがきでM&Aが一般的になってきたとの話をしたが、自社の企業価値にとっても最も適した案件を主体的に掘り起こしてM&Aができている会社は必ずしも多くないのではないだろうか。実際には、M&A候補先は普段の事業活動の中で接点がある関係会社や、そこから入ってきた情報をもとにM&Aに発展するケースか、証券会社やM&A仲介会社などの外部のアドバイザーからの具体的な候補先企業の持ち込みからM&Aの検討が始まることが多いのではないだろうか。

　普段の事業活動の中で接点がある先に対するM&Aでは、買収前から対象企業の事情がよく分かっており、失敗する確率は下がるかもしれない。また、証券会社やM&A仲介会社などからの持ち込みも、普段では接点がなかったような望外の案件が持ち込まれることもあるかもしれない。

　一定のメリットもある一方で、このようなM&Aだけだとデメリットも大きい。普段の事業活動で接点がある会社へのM&Aばかりだと、業界の構造を変えるような競合相手へのM&Aやゲームのルールを変えるような新たなM&Aは起こしづらい。また、持ち込み案件中心であると、当然、そういった案件に関しては買い手候補間での競争が厳しく、また、十分な準備ができていない中での検討となり、本来良い案件であったにもかかわらず、社内で十分な合意形成ができなかったため見送りになることもある。また、社内の決裁が下りる場合でも、そういった案件は競争が厳しい中で、十分な準備ができず、重要な論点を検証しきれないまま高値で買ってしまうということもある。また、本来検証すべき論点が時間切れで十分検証できないまま見切り発車で買収の意思決定をしてしまい、結果、あとから想定外のことが発見されてしまうリスクもある。

　そうならないために、自社の戦略起点で、その実現にとって最も有効な

M&Aを特定し、こちらから積極的に買収（もしくは最初は事業提携）を打診するという動きが求められる。そのようなM&Aを起こすには、大きく5つのことを検討・推進する必要がある。

ルール変化やイノベーションの萌芽からゲームチェンジの可能性を見出す

変化のシナリオとゲームのルールが変わるポイントを考察する

自社として非連続なM&Aをするには、マーケットの大きな潮目の変化の

図表2-1 ● 変化のシナリオとゲームのルールが変わるポイントを考察するプロセス

	Step 1 環境分析	Step 2 重要な因子の特定	Step 3 因子の評価、シナリオの定義
目的	・外部環境要因を分析 ・自社ビジネスシステムとの関連を確認	・外部環境から機会・脅威因子を洗い出し	・関連の高い因子を括る ・因子を評価し、戦略検討の対象とする因子を特定 ・分岐点を考察してシナリオを定義
ツール	・PEST分析 ・「5つの力」分析 ・インフレンス・ダイヤグラム	・SWOT分析 ・機会の因子 ・脅威の因子 ・両方の可能性のある因子	・シナリオ評価のフレームワーク ・現実化した場合のインパクト ・不確実性 ・分岐点の検討

出所：A.T.カーニー

先読みや、ゲームのルールの先読みが必要となる。一方で、将来を確定的に読むことは、どれだけ調査をしても困難である。そこで、不確定な将来を考察する手段として、シナリオプランニングという考え方が有効である。

　詳しくは、A.T.カーニー最強シリーズの『最強のシナリオプランニング』を参照してほしいが、シナリオプランニングのポイントは、確定的な未来を想定するのではなく、重要な環境変化の因子を組み合わせていくつかのシナリオを想定することである。また、その中で、蓋然性が高いものだけでなく、蓋然性は低いがインパクトが大きいシナリオに関しても、戦略オプションを考えることにある。

　具体的には、まずはオーソドックスなPEST分析や3C分析、5 forces分析などを実施するのだが、その際には、自社から見えている要素だけを観察するのではなく社外の有識者などへのインタビューを通じて、自社では見えていない要素や、必ずしも蓋然性は高くないかもしれない要素などについても、幅広く洗い出しておくことが重要である。

　その上で、洗い出した要素を、実現の不確実性と実現時のインパクトで評価し、ベースとなる要素と、可能性は必ずしも高くないが起こったときのインパクトが大きい要素を定義することになる。

　次に、それらの因子を組み合わせて、将来どのようなシナリオが考えられるか、いくつかのシナリオを作ってみることになる。そうすることで、比較的蓋然性が高いベースシナリオと、必ずしも蓋然性が高いわけではないが、起こったときに重要なシナリオが見えてくる。

　そのようにして、見出された複数のシナリオに対し、当社としてどう対抗するかを考えることとなる。

足元で起こっているM&Aから、潮目の変化やゲームのルールの変化を探る

　上記のような構造的な変化を踏まえゲームのルールの変化やイノベーションの可能性を模索するとともに、M&Aの実績などから類推するという方法も有効である。他社が、事業上の経験に基づきチャンスがあると考え実施しているM&Aを横断的に観察することで、その根底にある大きな潮目の変化

やゲームのルールの変化を見出し、それに則る、または敢えてその逆目にしたときに、どこにチャンスがあるかを見出すという作業である。

まずは、Capital IQ や Mergermarket、MARR といったデータベースから、一定期間における関連領域の M&A 実績を洗い出す。また、領域軸だけではなく、いくつかの主要な企業軸で、その会社が買収している領域を網羅的に確認することも重要である。

そうやって洗い出した M&A の実績をもとに、多くの資金が集まっている領域や、逆にカーブアウトが起こっている領域を特定する。ただし、このままでは、単なる事象の把握に過ぎない。重要なのは、なぜそのような状態になるのかその背景にありそうなトレンドを考えてみることである。これも単に1つの事象に対して、背景を考察しているだけだと当たり前のトレンドに気づくだけかもしれないが、複数の事象に対し背景を考察し、それぞれから見出されたトレンドに、実は共通点がないか、同じ原理原則で M&A が起こっているのではないかと考えることで、新たな原理原則が見えてくることがある。そうすると、その原理原則に基づいた場合に、次にどこで M&A が起こりそうなのか、どこを押さえると良いかが見えてくることがある。

また、他にも、業界の先端プレーヤーや M&A 巧者の会社による一連の M&A を追いかけることで、潮目の変化やゲームのルールの変化が見えてくることもある。著者も、以前 Amazon が過去10年で行った M&A と、彼らが取得した特許をすべて洗い出して、そこから彼らが目を付けているトレンドは何なのか、彼らが構想している将来はどのようなものなのかを考察して、日本企業に示唆を出したことがある。そこでの考察は、いずれも100%正しいかは分からないが、新たな気づきは多く、Amazon が仮にそんな将来を想定しているのだとすると、自社としては、ここを押さえておかなければならないであったり、こんな技術を得ておくとこんな対抗ができるという準備をすることとなった。

制約を取り払い、価値が最大化する
成長戦略と不足する能力を洗い出す

自社のありたい姿と成長パターンを考える

　大半の企業は毎年予算・事業計画を作っているだろう。また、数年に1回は中期経営計画を作って、そのローリングを年次でしている企業も多いのではないかと思う。ただし、その中では最もありそうなケース（most likely case）をベースに、現実的な戦略を考えることが多いのではないだろうか。というのも、中期経営計画や事業計画は、それに基づいて現実の資源配分や事業運営をするため、可能であれば起こしたいが確度が低いケースに基づいて計画を立てないのは、理に適っている。そのため、それらの計画で検討される範囲は、現実的な打ち手に限定されてしまい、本来は企業価値の最大化につながるオプションまでは検討されず、その結果、名実ともに、そのような打ち手を取られる可能性がゼロになるのである。

　毎年、可能であれば起こしたいが確度が低いケースを検討していては、通常の事業運営ができないが、経営陣および経営企画担当としては、数年に一度は、計画策定時には、少し遠回りになるものの、意図的に、普段検討しない範囲まで含めた検討をすることで、無意識に検討の範囲外にしていたオプションを議論することができるようになることに留意すべきである。

　ここで、A.T.カーニーが中期経営計画に先立って、most likely case だけでなく、企業価値の最大化につながるかもしれない大胆なケースを検討したプロジェクト事例を共有したいと思う。

　実際に、あるメーカー系の企業で検討した際には、まず、すべての事業に関し、①あらゆる制約を取り払いグローバルトップになるためにどんな戦い方、打ち手があるか、②現実的な目標をどう置いて、そのときにはどんな戦い方、打ち手があるか、③逆にライトアセット化するとしたらどんな戦い方、

図表2-2 ● 企業価値を最大化するオプションも含めて中期経営計画を作った例

	会議の目的	会議の成果
1回	全社の事業ポートフォリオ分析結果を提示し、経営課題を共有する	当社には、高い収益性・成長性を見込める事業が非常に少なく、成長には選択した事業への投資が必要という共通認識を構築
2回	"制約条件"を外した"戦略オプション"を検討し戦略をストレッチする考え方を提示	従来の延長線上ではジリ貧になる事業が多いこと、一方現在重視している事業が必ずしも成長性があるわけではないことが認識された
3回	全社的な財務目標の制約から、全社的な視点で投資の優先付けを行うことの必要性を説明	全社的な財務目標達成とキャッシュフローから考えるすべての事業に投資ができず、"投資を諦める事業"を決める必要があることに合意
4回	戦略オプションの優先付け	成長性、業界ポジションの魅力度から、当社の成長を牽引する事業として次期中計で優先的に投資を傾斜配分する事業を決定
5回	各事業の位置付けの明確化	成長を牽引する事業、当面の収益を確保する事業、固定費を抑えて収益を最大化する事業および将来のための投資事業への仕分けを決定
6回	各事業の目標を達成するためのアクションプラン作成に向けたプロジェクトキックオフ	事業毎に検討論点を提示すると共に、何時までにどういうフォーマットで検討するかについて事業部門へ説明
7回	各事業の検討内容、検討の進め方、および、検討体制を決定	検討内容は、グループ全体の目標を進めることと合っているか、検討のスケジュールと体制は妥当か等について議論し決定
8回	コーポレート・事業部門の戦略対話プロセス実践	特に重要度が高い事業をケースにCEOと事業部門長の戦略策定の議論を実施
9回	中期戦略を確実に実行するためのプロセスと体制について決定	収益責任を負う組織単位を見直し、各事業への目標設定、権限・責任を明確にすることに合意
10回	中期経営戦略の骨子となるストーリーを決定	全社改革のストーリー、業績目標、および、推進体制について役員レベルで合意

出所：A.T.カーニー

打ち手があるかの3種類の戦略を考えることとした。その中では、各事業の責任者は、どうしても現実的な事業運営の話に留まることも多く、カーニーのメンバーが入り、「XXのケイパビリティを手に入れてグローバルでトップになるためにXXを買収したらどうなるか」や、「競合の最大手のXXを買収したらどうなるか」など意図的に検討範囲を広げる質問を繰り返すことで、①の戦略を考える素地を作っていった。

　各事業①〜③の戦略が出揃ったら、全事業横並びで、どの事業では大きなチャレンジをするか、一方で、その分、どの事業では投資を絞るかという議論を、全経営陣で繰り返し、いくつかの事業についてはmost likely caseをもとに事業運営をするが、それと並行してインパクトが最も大きくなるようなM&A機会も追うこととなった。

その際不足する能力や資産を洗い出し、埋め方を検討する

　前述の通り、戦略を検討する際に、あらゆる制約を取り払ってグローバルトップになるためにどのような戦い方が必要か、その際に、どのような能力・資産が不足しているのかを考えることが重要である。その際には、グローバルトップになるという目的から、それを実現するために必要な能力・資産は何かという順で考えることが重要である。

　そのように目標やゴールが決まれば、おのずと不足する能力・資産は見えてくる。そのギャップに対して、自前で補完できることと、自前ではできず他社から獲得した方が良いものを峻別する。その際には、他社から獲得した方が良いものは、自前では獲得できない能力・資産に限定せず、時間や工数をかければ自社でも獲得しうるが、すでに他社が持っていて他社から獲得した方が、効率的かもしれないものも対象とすべきである。

　そのようにして、不足する能力・資産を特定し、一定の部分に関しては外部からの獲得も視野に入れて動く必要があることを認識しておく。

買収可否にかかわらず、具体的な M&A 候補企業を洗い出す

データベースを活用して洗い出す

　まず、最初の段階ではなるべく全体像を押さえて、そこで重要な候補先が抜けることがないようにすることが大切である。上場企業であれば、普段から競合分析などに、有料のデータベース（例：SPEEDAなど）を活用している会社も多いのではないかと思う。そのようなデータベースは上場企業をほぼ網羅的に収録しており、当該データベースをまずは全体像として位置付けて、その中から候補先企業を絞り込んでいくのが効率的である。

図表2-3 ● 案件候補を洗い出すプロセス

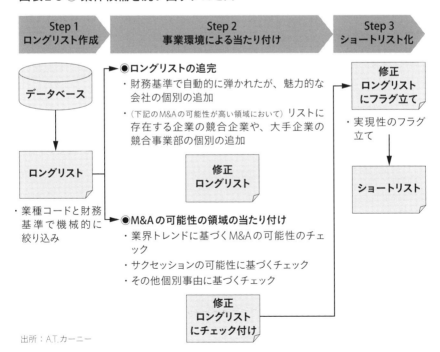

出所：A.T.カーニー

一方で、非上場企業に関しては、国内に約350万社存在するといわれ、そ
れらを網羅的に収録しているデータベースはない。ただし、主な非上場企業
に絞れば、主要な会社が収録されているデータベースは存在し、そのような
ものを活用するのが良い。例えば、東京商工リサーチは、100万件を超える
データベースを持ち、業種や企業規模などを入れることで、該当企業をスク
リーニングできる。他にも、東洋経済新報社が、上場企業のグループ会社を
中心に約4万社の非上場企業のデータベースを提供しており、それらを使っ
て、スクリーニングすることもある。

　そこから、対象となりそうな候補先企業を絞り込む際には、獲得したい能
力・資産を持つ会社であることが大前提だが、上場・非上場にかかわらずす
べての企業をその観点からチェックするのは現実的ではなく、ざっくりとし
た領域のイメージと、実際に買えるサイズの企業なのか、足元で財務的に問
題を抱えていないかなどの外形基準で簡易に絞り込みをかけ、そこで出てき
た企業を中心に細かく評価する方が大事である。

プロのアドバイザーと連携して洗い出す

　データベースを活用して候補先企業を絞り込むのと合わせて、領域や必要
な能力・資産に関してある程度要件が定まったら、普段から関係のある証券
会社やM&A仲介会社などに、良い案件がないか／彼らが積極的に動くこと
で掘り起こせる案件はないか提案してもらうのも良い。

　その際には、彼らから何となく提案してもらうのを待つのではなく、事前
にブリーフィングを丁寧に実施することが重要である。自社はどのような戦
略を考えているのか、業界にどのような変化を与えたいのか、その際にどん
な能力・資産が不足しているのかについて、開示できる範囲でしっかり説明
し、理解してもらうことが必要である。その上で、具体的にどのような領域
でM&Aを考えているのかであったり、どのような能力・資産を持つ企業を
M&Aしたいと考えているのかについて理解してもらうことが、良い提案を
得るために重要となる。その際のポイントは、あまり個別の銘柄を特定して、
それがどうなのか聞くのではなく、前提としている戦略について理解しても
らうことで、特定の銘柄が難しくても、代わりの提案をしてもらうことであ

る。

　また、提案をしてもらう際には、どの程度の固さの候補先を提案してもらうのかについても認識を合わせてもらう必要がある。提案してほしいものは、具体的に動いている案件なのか、ある程度動き出しそうな目星がついている案件なのか、ロングショットになるが時間をかけて掘り起こせる可能性もある会社なのか等について認識を合わせる。一般的には、自社にとって最適なM&Aを実現するには、前者だけでなく、後者についてもバランスよく提案してもらうことが多い。

　業界のゲームチェンジのために4桁億円クラスのM&Aも前提としていた実際のあるプロジェクトでは、普段から付き合いのあった証券会社4〜5社に協力してもらい、事前にM&A戦略について詳細にブリーフィングすることで、案件の固さにばらつきはあったものの、結果的に候補先として100社以上の提案を受け取った。それらに対し、自社の戦略に合致するものを優先順位付けし、地道な交渉をすることによって、結果的にその中から、数十億円〜数百億円の複数のM&Aが実現した。

洗い出した会社を評価してショートリスト化する

　候補として出てきた会社に関し、①自社の戦略との整合度合いと、②実際に売却される可能性に基づいて、アプローチをする優先度を評価しショートリスト化する。

　①については、ロングリスト化の段階である程度、絞り込み／ディレクション済であると思われるが、実際の銘柄を見て、自社の不足する能力・資産に対し、どのようにハマるかということを再度確認し、評価する必要がある。

　実際に売却される可能性に関しては、①会社として事業の入れ替えを積極的に進めているかという観点と、②売却してキャッシュを得ないといけない事情があるかという2つの観点から評価するのが良い。

　①に関しては、それらを判断するためには、経営陣がインタビューやIR資料でどのようなコメントをしているかやM&Aに関する体制の変化を追いかけることが重要である。具体的には、会社が毎年発表しているアニュアルレポートでのコメントや、事業の入れ替えに言及している分量から考え方の

変遷を見出したり、業界誌や経済雑誌などで経営陣のコメントを丹念に拾うことも重要である。また、M&Aを担う専門部署が本社に設置されたり、元投資銀行出身の役員を招き入れたり、経営コンサルタントとしてM&Aを担当していた役員を招き入れているなどのシグナルもある。また、戦略コンサルタントの求人募集などが増える企業は、非連続的な変化を模索している可能性もある。

②に関しては、たとえ、黒字事業であったり、ある程度中核的な事業であっても、親会社がグループ全体では業績が、あまり芳しくなく、売却によってキャッシュを確保する必要がある場合には、カーブアウトされることもある。また、親会社が、グローバルでの激しい競争のためにコア事業に巨額の投資をする必要があったり、他に巨額の投資をしたりしたために、その有利子負債返済のためなどに、優良な事業であっても非コア事業であれば、カーブアウトされることもある。それらを判断するには、各社の近年の主な投資実績を追いかけたり、業績に加え、投資状況、キャッシュの状況などを見ることが重要である。

Section 5 候補相手との具体的な買収シミュレーションをする

シナジーを考える

候補企業の詳細な評価は、本格的なM&Aのプロセスに入り、その中で先方資料の開示を受けて評価をしていくことになるが、その段階でも、候補企業を買収したらどのような種類のシナジーがあり、ざっくりどの程度のシナジーが期待されるかは見ておく必要がある。

当然、戦略的な狙いに対して得られるものはある一方で、それ以外にどの

図表2-4 ● シナジー検討にあたっての観点

		短期的なPL改善につながるシナジー		中長期での組織ケイパビリティ改善
		トップライン改善	コスト削減	
事業統合によるシナジー	調達	—	購買の一元化・共同化による仕入コスト削減	原材料・部品・商品調達の安定化・効率化
	製造	製造拠点融通による生産増・機会損失防止	製造拠点の統廃合・共有化による稼働率増	技術・ノウハウ・資源の共有による業務効率化
	物流	物流共有化による機会損失の防止	物流共有化による物流単価の引き下げ	物流拠点の統廃合など物流ルートの最適化
	販売/マーケティング	販売網拡大での顧客増ブランド付与での単価増	販売拠点・営業人員共有化での営業費削減	クロスセリング・アップセリングでの販売機会増
	アフターサービス	メソッド移転による機会損失の防止	アフターサービスセンターの共有化でのコスト削減	—
本社機能の統合によるシナジー	人材	—	機能統合での人員削減 給与水準の見直し	経営・マーケティング・人事などの高度人材機能の移転
	システム	—	重複IT支出の解消によるコスト削減	システム統合による経営効率化
	R&D	—	重複研究テーマや研究拠点の統廃合	新サービス・プロダクトの開発機会増

出所：A.T.カーニー

ようなシナジーがあるのか考えておくことが重要である。一般的に得られるシナジーとしては、Chapter 5で詳述するが、**図表2-4**のようなものがある。

　この段階では、候補先の詳細な情報は開示されていないため、ち密な分析はできないが、開示情報をもとにざっくりと、どの程度の効果があるのか、その桁感は理解しておきたい。相手が上場企業であれば、有価証券報告書などに詳細なデータが開示されていることも多く、意外と妥当な分析ができることも多い。

　実際にあるプロジェクトでは、競合大手を買収したらどのような定量的な効果があるかシミュレーションをした。その際には、各工場の生産キャパシティや工場での勤務人員数、製品の市場シェアや、リベートの提供状況などを公表資料や市場レポート、自社社員へのインタビューから把握し、M&Aによって、大まかにどの程度シナジーがあり得るのか試算した結果、数十億円規模での利益向上効果があることが分かり、M&Aの実現に向けて積極的に動くという意思決定がなされた。

　この段階で、シナジーに関して検討することは早いと考える方もいるかもしれないが、仮に実際のトランザクションが起こったときに、シナジーの候補を事前に検討しておくことによって、ビジネスDDで検討すべき要素が明確になるとともに、検証によってそのシナジーが起こせなそうなことが分かったときに、買収しない意思決定をすることができる。

その際のEVやバリュエーションを考える

　上記の検討をする際には、粗くても良いので常に定量的に分析をして議論をすることが重要である。

　候補先企業を買収することによるシナジーも踏まえ自社の収益はどう改善するのかについて、定量的に把握する必要がある。簡易的な数字であっても、PLがどのように変化するのか、将来のキャッシュフローはどう変化するのかを試算し、DCF（ディスカウントキャッシュフロー）法やマルチプル法などで、簡易にでも企業価値がどのように変化するのか見ておくことが重要である。

　その際、候補企業を買収することで、EV／EBITDAマルチプルはどのように変化するのかという点にも留意をしたい。候補企業を買収することが、

成長企業に変革する／成長領域で戦っている企業と見られるために重要な場合には、それによって自社のEV／EBITDAマルチプルが拡大し、結果的に企業価値が上がることになる。

買収候補に対し、
継続的にアクションを起こす

　これまでの検討によって、自社の戦略にとって最適な買収先候補の会社が絞られた。しかし、検討だけで終わり、候補先が案件として出てくるまで待っているだけでは、M&Aは実現しない。そこで、自ら候補先に働きかけることが重要である。

　具体的には、①経営陣が自ら接触を図る場合と、②証券会社やM&A仲介会社を通じてサウンディングしてもらう場合がある。①については、最初から買収を持ち掛けるのは難しくても、提携や一部資本の持ち合いなど事業面での協力などの働きかけや、それらをまとめて先方に手紙を書いたりすることもある。当然、一度の連絡だけで候補先企業が話に乗ってくることは多くない。その後も継続的に連絡・接触することで、事業環境が変わり危機感が醸成されたり、業績に変化があり、外部との連携が必要になった場合などに、最初に声をかけてもらうことができる。

　②については、候補先が競合である場合などは、直接接触するのが適当でない場合もある。そのような場合には、普段から接点のある証券会社やM&A仲介会社に依頼をすると、候補先の意向や今後の可能性に関してサウンディングしてくれる場合もある。自社の名前を明かしたくない場合などには、このようなオプションも考えてみるべきである。

　本章では、案件が具体的に動き出す前に、自社の戦略としてどのような

M&Aを目指すべきか、その候補となる先をどのように洗い出して、その後どうアプローチすべきかについて説明してきた。多くの企業は、このような備えをしていないことも多く、検討に手間はかかるものの、このような検討をすることによって他社に差をつけてもらいたい。次章からは、実際のトランザクションになった段階で、どのような検討をしなければならないのかについて説明していきたいと思う。

Column
非連続な将来の想定に関係者と合意するのは難しい？

　著者がプロジェクトマネージャー少し手前のころ、ある事業会社と10年後の世界を想定して、上流から下流までの一連のバリューチェーンでプロフィットが集まるポイントの考察や、勝ち組プレーヤーとなる要件の考察を通じて、当該企業が現時点で投資をしておくべき領域を定め、具体的な投資案件を探索するというプロジェクトをやったことがある。

　その中では、様々な関係者と議論をしたが、将来の考察に関し、すでに現時点で萌芽があることに関してはもう起こっていることで将来ではないといわれ、現時点で起こっていないことは本当に将来起こるのかという議論になり、検討を進めるのに非常に苦労をした記憶がある。

　その中では、今起こっている様々な事象を抽象化しある種の法則を見出すとともに、まだその法則が及んでいない領域で、その法則が起こるとどうなるかと具体を考えてみるという思考をすることで関係者の同意を得られた。

　そのような考えに至り、さらに実際にそのような頭の使い方ができるようになるまでは非常に苦労し、シニアパートナーとなった今でも、一番働いたプロジェクトは本件であると断言できる。

　その後振り返ってみると、すべてが当時想定した通りには進んでいないが、我々が想定した未来に関しては、結果的には7勝3敗くらいで実現しているのではないかと思う。今となっては、一番大変だった一方で一番自分が成長

したプロジェクトでもあり、感慨深い思い出である。

....

Chapter 3

フェーズ2：トランザクションの進め方❶
ビジネスDDの総則

　ビジネスDDとは、「限られた時間の中で、専門性に基づき対象会社のビジネスのポイントを見極め、将来の事業計画に落とし込む一連の活動であり、それによって将来にわたって対象会社がどの程度事業から収益を上げるのか定量化し、買収の意思決定を支援するもの」である。

　限られた時間軸の中で、的確な事業評価をするためには、ビジネスDDのプロセスや関係者、ロジスティクスなどに関して正しく理解し、手戻りが発生しないようにするとともに、的確な事業評価をするという目的を達成できそうもない建付けの場合には買主側および売主側のFAと交渉をすることが重要である。

ビジネスDDとは何かを理解する

ビジネスDDの目的を理解する

　M&Aのトランザクションには、様々なプロセスがあり、それに伴い数多くのステークホルダーが関与する。売り手・買い手だけでなく、証券会社や会計事務所、法律事務所、各種コンサルティング会社が、それぞれの役割を果たす。その中で、本章では、経営コンサルティング会社が担うビジネスDDについて対象とする。

　一口にビジネスDDといっても、実際にコンサルティング会社が請け負う

図表3-1 ● BDDの種類とアウトプット

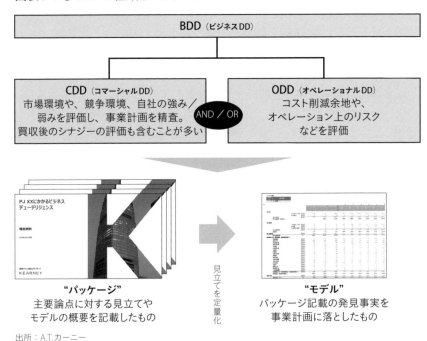

出所：A.T.カーニー

業務のバラエティは幅広く一義的に定義するのは容易ではない。しかし議論をする対象が曖昧だと正しく議論できないため、様々な例外があることは承知をした上で、本書ではビジネスDDを「限られた時間の中で、専門性に基づき対象会社のビジネスのポイントを見極め、将来の事業計画に落とし込む一連の活動であり、それによって将来にわたって対象会社がどの程度事業から収益を上げるのか定量化し、買収の意思決定を支援するもの」と定義する。

　ビジネスDDの中では、ビジネスのポイントを見極め、それらを将来の事業計画に落とし込んだ根拠や分析結果を取りまとめた「パッケージ（=DDレポート）」と、それらの判断を将来の計数計画に落とし込んだ「オペレーションモデル」の2つが成果物となることが多い。

　パッケージの中では、市場の動向や競争環境を分析することで、市場の魅力度（市場の成長性や安定性など）を評価するとともに、そこでの競争のルールや勝つための条件などを明らかにする。それらに対し、対象企業の自社データの分析などから、対象会社はそれらを満たしているのか、その結果、現状どのような業績になっているのかの関係性を解き明かすとともに、今後も稼ぎ続けることができるかを判断する。そのため、主にパッケージには次のような分析が含まれる。

- 市場分析
- 競合分析
- 自社分析
- （それらを取りまとめた）将来の収益力のプロジェクションまとめ

　次章以降で、それぞれの分析に関し、何を目的として、どのような分析をすべきなのか詳しく述べたいと思う。

　これらのパッケージとともに、もう1つの成果物が、パッケージで明らかにした対象会社の実態を将来の計数計画に反映したオペレーションモデルである。主には損益計算書（以下、PLという）の項目のうち、売上高からEBITDA（または営業利益）までをシミュレーションすることが多い。

　そのように経営コンサルティング会社が作成したPLをもとに、証券会社などが財務三表を統合した財務モデルを作成し、それをもとに、本当に買収

すべきなのか、仮に買収するとしていくらで買収するのかを考えることになる。そういう意味では、ビジネスDDは、買収にかかる重大な意思決定の重要な基礎となる作業である。

他のアドバイザーとの関係性を理解する

　M&Aは、対象会社を買収し、自社の組織に迎え入れることである。そのような判断をするためには、対象会社が事業上競争力があり、将来にわたってキャッシュを創出することだけではなく、現状の事業運営に問題はないか、簿外債務の存在など財務会計に問題はないか、労務上問題を抱えていないかなど多面的に評価し、問題がないことを確認しなければいけない。

　それ以外にも、高度な判断が求められることが少なくない。例えば、対象会社を買収する際の買収価格については、自分たちの株主にその妥当性を客観的に説明する必要があるし、買収するに際しては、複雑な金融スキームを構築する場合もある。また、買収の契約書は、後々の紛争を避けるためにも、

図表3-2 ● 典型的なDDのスキーム

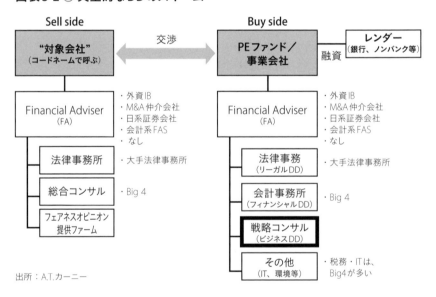

出所：A.T.カーニー

様々な条件が付記され高度な法律的な知識が求められる。

　そのために、会計関連は会計事務所がフィナンシャルDDを実施することが多く、法務関連では法律事務所がリーガルDDを実施することが多い。その他にも税務に関するデューデリジェンスや、環境関連に関するデューデリジェンス、ITに関するデューデリジェンスなど、デューデリジェンスに関するだけでも様々なアドバイザーが関与する。それらに対し、トランザクション全体のとりまとめであるFA（フィナンシャルアドバイザー）として証券会社や会計事務所などのFAS（フィナンシャルアドバイザリーサービス）が関与することが多く、買収の契約書作成には法律事務所が関与する。

　また、売り手側には、売り手のFAがおり、売却に関連する各種資料作成の支援などのためにコンサルティング会社がいることもある。

　このように、多様なステークホルダーがそれぞれにどのような目的で、どのような作業をしているのかを正しく理解することによって、ビジネスDDの中だけでは解決できない論点が出てきた場合に、必要なアドバイザーなどと迅速に連携できるようになる。

　特に、足元のビジネスを正しく理解するためにはフィナンシャルDDが密接に関係する。また直接的な関係ではないものの、ビジネス上何かノックアウトとなることはないか、競争優位性のコアとなる要素に関し問題はないかなどといった観点からリーガルDDやITDDなどとも連携する必要がある。

Section 2	トランザクションの全体像を理解する

プロセスを理解する

　ビジネスDDは、対象会社の業種や規模は様々で事業評価する際の視点も

様々だが、そのプロセスに関しては、ある程度標準化されており、まずはその標準形を理解することで、そこから脱線した場合に、それに従うべきか、本来の目的を達成するためには修正を提案するのか理解することができる。

　まず一般的には、ビジネスDDは、会社の規模や事業の範囲にかかわらず、1か月〜1.5か月、長くても2か月程度という短期間に事業評価を終える必要があり、多くの場合には重要論点に絞って検証しなければ、その期間中に終わらない。

　その期間内で、事業実態を理解するために、対象会社のマネジメントが事業概要をプレゼンテーションするマネジメントプレゼンテーションが設定されたり、マネジメントに質問できるマネジメントインタビューが1回または複数回設定される（一般的に、入札プロセスの場合は回数が少ないことが多く、相対の場合には比較的柔軟に対応できることが多い）。

　それ以外にも、対象会社の実務の詳細を理解するために、事業責任者や現場担当者にインタビューする実務者インタビューが設定されることもある。しかし、これは、対象会社の中でどこまでトランザクションの情報を共有しているのか、その管理レベルなどによっても変わるため、実務者インタビューをできるのかどうかは、トランザクション開始後早めに相手方FAに確認するのが良い。

　また、対象会社の分析をするために、資料開示請求という形で内部資料の開示をお願いしたり、それらに対する確認などのためにQ&Aシートのやり取りがなされたりする。これらに関しては、資料依頼してから開示されるまでには通常1週間から数週間かかり、Q&Aについても質問してから回答を得るまでには相当の時間がかかることを想定して、あらかじめ計画的に動くことが必要となる。

　それらと並行して、公表情報の分析であったり、専門家へのインタビューであったりを通じて客観的に対象会社を評価することとなる。それらの分析した事項をパッケージに落とし込むとともに、オペレーションモデルを作成しないといけない。

　一般的にはそのような作業のマイルストンとして、2〜3週目終了時点で、中間報告という形で報告するのだが、そこでは文字通り中間時点の報告というよりも、80%程度は検証済の内容を報告し、そこでの議論内容や残りの

図表3-3 ● 各モジュールの進め方（例）

	PJ開始前	Week 1 進捗①▼	Week 2 進捗②▼	Week 3 中間報告▼	Week 4 進捗③▼	Week 5 最終報告▼	PJ終了後
市場／競合パート		外形情報の収集＋市場理解のためのインタビュー	外形情報でできる分析完了＋インタビュー	個別論点に関し、補足的に調査・インタビュー	－	－	
消費者調査パート	シニアメンバーが事前に、資料請求・マネイン	調査票の確定	最終調整・調査のローンチ	重要項目の分析	他の項目の分析	－	パッケージやモデルに関する追加質問対応
自社分析パート		事業・収益構造の分析、主なKPIの分析	パラメータに関する事項の初期分析	パラメータに関する事項の深掘り	個別調整のための追加分析	同左	
シナジー／バリューアップパート		－	－	対象箇所の特定と、初期的な可能性検証	優先順が高い箇所の検証精緻化	優先順が高い箇所の検証精緻化	
モデルパート		モデルの構造・パラメータの合意／過去データ整備	モデルのパラメータ別のロジックの合意／Excelの枠の完成	モデルのベースケースの合意	リスク／アップサイドの合意	引き渡し用の調整	

出所：A.T.カーニー

20%を後半で検証することが多い。

このように、ビジネスDDでは、対象会社の内外に関する様々な情報を、同時並行的に取得しながら進めることが求められる。そのため、事前にそのプロセスの全体像を正しく理解しておくことで、時間制約がある中で、取り返しのつかない抜け漏れを防いだり、無理な設定であった場合に軌道修正をしたりすることができる。

タイムラインを理解する

ビジネスDDのタイムラインは、前述の通り1か月〜1.5か月程度で実施されることが多い。その中では、対象会社の事業評価に関することが活動の中心になるが、それらと並行して買主または、その先のレンダーとのやり取りが必要となる。これまでも述べたように、マネジメントインタビューや資料依頼のタイムラインは厳密に決まっていることが多い。また、買い手に関しては投資委員会の日程は決まっており、そこに向けた準備のタイムラインは厳しい。また、レンダーとの議論がいつ始まるのかによって、DDレポートおよびオペレーションモデルをいつまでに作るのか、その後のQ&A対応のスケジュール感が異なるため事前に把握しておくことが必要となる。

そのような複数のデッドラインが混在するため、プロジェクト開始前には、デイリーでスケジュールを可視化しておくことが望ましい。やや煩雑と思うかもしれないが、デイリーで締め切りを可視化しておくことで、日程のド忘れ・期限の超過などを防ぐことができる。

トランザクションによっては、ビジネスDDの期間中から、買い手と買収資金の融資をするレンダーとの議論が始まるものも少なくない。そのような場合、議論をする際には、暫定的なDDレポートと、その時点版のオペレーションモデルが求められる。そのため、例えば、ビジネスDDの期間は1.5か月でも、その中間段階からレンダーとの議論が始まる場合には、その時点で8割方検証が終わったDDレポートとオペレーションモデルが求められ、事業評価の作業はプロジェクトの前半に負荷が集中することとなる。

プロジェクトリーダーとしてビジネスDDをマネージする方も、その中にメンバーとして入る方も、そのような特性を理解し、チーム体制の構築、論

図表3-4 ● 日次スケジュール（仮）

日	月	火	水	木	金	土

Week0（シニアメンバー中心の動き出し）

●マネイン

	Day 1	Day 2	Day 3	Day 4	Day 5	
	●Kick off			●モデル 構造確認	●1st 報告 ●アンケート 入稿	
	Day 6	Day 7	Day 8	Day 9	Day 10	
		●アンケート 確定		●パラメータ 考え方確認 ●アンケート 配信	●2nd 報告	
	Day 11	Day 12	Day 13	Day 14	Day 15	
	●アンケート 納品		●初期的な ベースケース 計数確定		●中間報告	
	Day 16	Day 17	Day 18	Day 19	Day 20	
		●ベースケース 計数確定		●4th 報告		
	Day 21	Day 22	Day 23	Day 24	Day 25	
			●他の シナリオ 計数確定		●最終報告	

出所：A.T.カーニー

点設計・作業設計をしないとレンダーとの議論タイミングで重要な資料がないということになりかねない。

トランザクションの特徴を理解する

トランザクションの投資命題を理解する

　上記の通り時間制約が厳しいビジネスDDの中では、投資の意思決定に大きな影響を与える重要論点に絞って効率的に検証を進める必要がある。そのためには、当該トランザクションで、どのようにリターンを得ようとしているのかという投資命題を正しく理解しておくことが重要である。ビジネスDDは、客観的な視点で事業について評価するものではある一方で、投資命題を外した事業評価になってはいけない。

　例えば、対象会社の独自の強みはそれほどなく、対象会社の成長は、対象となる市場成長に依拠している場合には、市場成長の確からしさを厳密に検証する必要があるし、店舗型ビジネスで、成長が出店数にドライブされているのだとすると、本当にどこまで出店余地があるのかを見に行くDDにしなければならない。

　一方で、事業そのものについては本来競争力があり、貸借対照表上のデットの整理も含め、大幅なコスト削減などのリストラクチャリングによって収益化を図るトランザクションであれば、通常のトランザクション以上に会社の内部情報、実態を把握して、リストラクチャリング計画を評価しないといけない。

　このように投資命題によって、ビジネスDDで深く検証する事項は大きく変わるため、買い手が、そもそもどのようにリターンを得ようとしているか

は、トランザクションが始まる前、もしくは始まってすぐに理解しておくことが重要である。買い手によっては、キックオフミーティングの場で、各ステークホルダーに、このような投資命題を共有することにしている買い手もいれば、意図的にこちらから確認しなければ、事前に共有しない買い手もいる。特に、後者の場合には、こちらから主体的に質問することが重要である。

アドバイザー以外のトランザクションの関係者を理解する

　買い手は、事業会社であれば社内の経営会議の決裁が必要であることが大半であるし、PEファンドであれば社内の投資委員会の決裁が必要となる。担当者は案件を進めたいという思いから前のめりになっているという前提で、経営会議や投資委員会は、客観的な立場から案件の是非を評価し、厳しい質問や追加の評価がなされる。各社やPEファンドによって、経営会議や投資委員会が典型的に気にする視点が異なることもあり、事前に買い手に、通常どのような観点から指摘を受けることが多いか確認しておくことは有用であ

図表3-5 ◉ 各ステークホルダーのビジネスDDへの期待

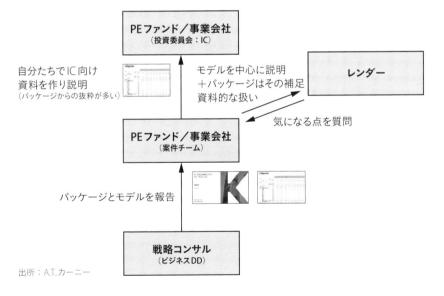

出所：A.T.カーニー

る。また、DDを始めるために、経営会議や投資委員会で初期的に案件を議論していることが多く、そこでの指摘事項や懸案事項を事前に確認しておくことで、ビジネスDDでの漏れを回避することができる。

　一般的には、ビジネスDDにおいては、買い手が最も重要なステークホルダーであるとともに、それが1社であることが多いが、大型の案件になると、共同投資家とコンソーシアムが組まれることもある。そのような場合には、各買い手が考える投資命題や、それに紐付く論点がズレていることも多い。また、各買い手の投資委員会も、それぞれ独自に行われ、そこから求められる資料は異なり、作業が増えることとなる。最初からコンソーシアムが組まれることが分かっている場合には、上記を見込んだ作業設計、プロジェクト体制にしておくことが求められる。また、当初は買い手が単独での買収を目指していたが、トランザクションが進む中でコンソーシアムが組まれることも少なくない。そのような場合には、上記を踏まえ、作業の範囲をどうするのか、膨らむ工数に対し、どう手当てをするのかについて、しっかり発注者側とすり合わせをすることが重要である。

　また、資金調達についてもどのような建付けになっているのか理解しておくことが必要である。全額手持ち資金で賄う買収であれば、買い手の社内だけの意思決定で済むが、買収資金（LBOローン含む）を外部から調達する場合には、その資金の出し手（＝レンダー）内での意思決定も必要となる。また、当該トランザクションは、すでにある程度絞られたレンダーがおり、かつ、トランザクションに対してポジティブな反応を得られているのか、それともどのレンダーからもポジティブな反応はなく、これから幅広くレンダーに声を掛け、資金提供を依頼するものなのかを知る必要がある。すなわち、レンダー候補の数や彼らの現時点の態度によって、彼らからのQ&Aの質や量が大きく変わり、Q&Aに対応するための工数も大きく変わるため、その状況を的確に理解しておくことが重要である。

Section 4 各アドバイザーを理解する

アドバイザー側の体制を理解する

　前述のように、特に、フィナンシャルDDとビジネスDDは非常に強く関連がある。実際に、フィナンシャルDDとビジネスDDの境界線には曖昧な部分も多い。例えば、足元の会計データの正規化であったり、管理会計に則った加工をどちらが行うかといったデータ整備に関する役割分担であったり、設備投資と減価償却の関係性の解明などをどちらが担うのかは曖昧であったりする。買い手のFA側でそこら辺まで厳密に線引きができれば良いが、実際のトランザクションにおいては、そこまで手が回らないことも多い。そこで、各アドバイザー（フィナンシャルDDは主に会計事務所、ビジネスDDはコンサルティング会社のことが多い）が自発的に連携して役割分担や、情報交換をする必要がある。そのために、フィナンシャルDDとビジネスDDの現場リーダー同士では連携チャネルを作っておくことが重要である。

　その他にも、売上高の堅牢性や成長可能性を評価する際に、特許やライセンス契約の状況を理解する必要があったり、収益改善策を評価する際に各種サプライヤーなどとの契約関係を精査する必要があったりするが、そのような場合にはリーガルDDを担っている法律事務所の弁護士と連携する必要がある。他にも、今後大きなIT投資が必要となる場合などは、その投資金額を将来の計数計画に反映するためにITDDを担っているコンサルティングファーム（会計コンサルティングファームの場合が多い）と連携することもある。

　このように多様なアドバイザーがいる中で、買い手によっては週次で各アドバイザーが集まって重要な発見事項などをシェアする進め方を取る場合もあれば、買い手と各アドバイザーのやり取りは基本的には個別にやって、各アドバイザーが集まることはない場合もある。前者のやり方を取れば、買い

手の負担を減らしつつ、各アドバイザーの連携が取りやすくなる一方で、案件によっては、アドバイザーにとって、ほとんど関わる必要のない他のアドバイザーの報告を聞く時間などで効率性が下がる可能性がある。一方、後者のやり方をとった場合、買い手にとっては個別に報告を受けつつ、他のアドバイザーに連携すべきものがあれば個別に対応する必要があり手間がかかる一方で、アドバイザーからすると、効率的に重要なポイントだけを理解できることになる。どちらが正解ということはなく、買い手として、案件の性質、自分たちの状況、DD期間などに応じて、柔軟に設計する必要がある。また、アドバイザーとしては、仮に週次のアドバイザーが集まっての進捗報告がない場合であっても、必要であれば、他のアドバイザーと個別に連携する必要があることは言うまでもない。

対象会社・FAの体制を理解する

　自前のアドバイザー間の関係性を理解することと同様に、対象会社内の体制、売り手FAの体制を理解しておくことは重要である。対象会社内の体制、売り手FAによって、ビジネスDDの進捗や深度が大きく変わりうるためである。

　具体的には、対象会社の中で、本件トランザクションを知っているのは誰までなのか、社内で資料収集やQ&A対応しているのは誰なのかを理解しておくことは非常に重要である。先方の社内での情報共有レベルは、場合によって、社長と一部の取締役しか、本件トランザクションを知らない場合には、事業実態を把握するためのマネジメントインタビューの対象は彼らに限られ、ハイレベルな戦略や方針は聞けるものの、現場の実務の詳細までは聞けない前提でビジネスDDを運営しなければいけない。一方で、ある程度の階層まで情報が共有されている場合には、事業責任者にヒアリングができ、早期に事業の理解が進む可能性がある。また、社内での資料収集やQ&A対応をごく少数の方が担っている場合には、その方のキャパシティがボトルネックになって資料開示やQ&A回答のスピードが遅くなることもあり得ることを考慮して、ビジネスDDの設計をしておく必要がある。

　そのような状況を把握しておくことによって、例えば社内での情報共有が

一部の人にしかされておらず、社長や一部の取締役へのインタビューに留まる場合には、別の名目（例えば、事業コンサルティングや監査など）で現場インタビューさせてもらえないかという提案であったり、資料収集やQ&A対応が遅れる可能性がありそうな場合には、最初からビジネスDDの期間を延ばしてもらう交渉をするなど、対応を取ることが必要になる。

Section
5 　ロジスティクスを理解する

プロトコルを理解する

　ビジネスDDでは、非常に限られた時間の中で、専門性に基づき的確な事業評価をすることが求められる。そのような状況下では、DDに関するプロトコルを正しく理解し、無駄が発生しないようにするとともに、あまりに無理があり、適確な事業評価ができそうにない場合には、事前にそのプロトコルの修正を依頼することが重要である。

　一般的には、マネジメントインタビューの回数やタイミング、資料請求・Q&Aの件数に関する上限設定、インタビューにあたりアジェンダを事前に提出するタイミング、資料請求・Q&Aのタイミング・期間などに関して取り決められることが多い。

　例えば、資料請求・Q&Aの件数の上限があまりに低く設定されている場合などは、買い手や買い手FAと相談して、その引き上げや件数の数え方のルールの緩和などをお願いする必要がある。また、マネジメントインタビューがあまりに遅いタイミングであったり、インタビューに先立ちかなり前にアジェンダの提出を求められる場合も、買い手内で相談した上で、その変更可能性を模索すべきである。

対象会社の設定したルールに対応していくことも重要であるが、ビジネスに関する評価をする専門家として、あまりに無理なプロトコルで、それに則った結果、適切な事業評価ができず買い手に迷惑をかけては本末転倒であり、そのような場合にはしっかりと問題点を提起し、交渉することが重要となる。

資料共有の仕方を理解する

　（他のDDでも同様だが）ビジネスDDでは、対象会社に大量の資料開示の依頼や質問が発生する。そこで、一般的には各アドバイザー共通の資料請求するためのフォーマットが用意される。売り手または買い手のFAが用意することも多いが、ビジネスDDの方で最初にフォーマットを作って、それを共通で使うということもあり得る。

　また、最近は情報開示に当たってはVDR（バーチャルデータルーム）を通じてなされることが一般的になっている。利用されるサービスは、いくつかに収斂されているが、自社のIT環境が対応しておらずメールを受信できないなど

図表3-6 ● Project XXX：Q&A リスト（ビジネス）

No.	提出日	質問者	希望回答形式	カテゴリ	優先度	対象エンティティ	対象期間	参照資料等	質問	ステータス	回答日	回答者	回答／資料開示	ご回答	ステータス
1															
2															
3															
4															
5															
6															
7															
8															
9															
10															
11															
12															
13															
14															
15															
16															
17															
18															

出所：A.T.カーニー

の不備がないかは確認しておきたい。また、VDRの設定によっては、データアップロード後一定期間が過ぎると自動削除されることもあり、公開された資料はVDR上に留めておいて良いのか、他に移動しないといけないのか確認する必要がある。

　繰り返しであるが、ビジネスDDは、限られた時間の中で、専門性に基づき対象会社のビジネスのポイントを見極め、将来の事業計画に落とし込む作業である。そこでは、対象会社、対象会社のFA、買い手、買い手FA、会計事務所や法律事務所などの他のアドバイザーなど、利害関係が必ずしも一致しない様々なステークホルダーが関与しており、プロジェクト運営は非常に複雑となる。限られた時間の中で、そのような複雑な環境下で的確に事業評価するには、その全体像やプロトコルを知識として正しく理解し行動することが必要であるとともに、時にはこちらからプロアクティブに変更を迫ることも必要である。そのような問題意識に基づき、本章では、まずビジネスDDを取り巻く環境について整理して、そこでの対応方法などを説明した。

　次章からは、事業評価をするにあたり具体的にどのような点に留意して、またどのようなアプローチで考えるのが良いかといった実際の分析について説明していきたいと思う。

....

Column
大げさな名前のプロジェクトは炎上する？

　トランザクションにおいては、ディール自体にコードネームを付けて、各関係者がプロジェクトをコードネームで呼ぶのが通例である。コードネームは様々であるが、例えば、PJ rainbowであったり、PJ SKYなどといったようなものである。

　そのコードネームに関して、ある種のジンクスのようなものが存在している。それは、コードネームが大げさなPJほど、結果的に上手くいかず、大変なプロジェクトになるというものである。実際のプロジェクトとは関係な

いが、例えば、PJ Justice といったものや、PJ Infinity、PJ Phoenix といった
ような壮大な概念がつけられているものが該当する。一方で、PJ Flower や
PJ Pineapple など身近な名前はその対極である。

　当然、因果関係は全くないが、なぜか経験則から多くのコンサルタントは
そのような法則を感じており、PJ が開始する前に、FA やクライアントから
コードネームを共有されたときに、大げさなコードネームだと身構えるもの
である。

Chapter 4

....

フェーズ2：トランザクションの進め方❷
市場分析の仕方

　ビジネスDDとはChapter 3で触れた通り、「限られた時間の中で、専門性に基づき対象会社のビジネスのポイントを見極め、将来の事業計画に落とし込む一連の活動であり、それによって将来にわたって対象会社がどの程度事業から収益を上げるのか定量化し、買収の意思決定を支援するもの」である。上記の判断においては「対象会社の所属する市場の成長性・収益安定性は？」（市場）と「その市場の中での対象会社の競合優位性は？」（自社・競合）の両観点で分析することが重要であり、前者について具体的な分析の考え方を身につけることが本章のゴールとなる。

　「対象会社の所属する市場の成長性・収益安定性は？」を判断するには、「①そもそも対象会社の所属する市場をどう定義するか？」「②その市場の成長性をどう見立てるか？」「③その市場の収益の安定性をどう見立てるか？」の3点が重要となるが、これは実務上の困難を伴うものであり、ともすれば機械的に市場レポートの見立て等を参照するなど、プロセス自体が目的化してしまい、ビジネスDDの目的に照らした際に真に意味のある分析ができ

ないケースも多い。本章ではビジネスDDの目的に照らした際に必要十分に、市場の定義／市場の成長性・収益の安定性の評価を行うための、具体的な手法・考え方を紹介したい。

ビジネスDDにおける
市場分析の位置付けと重要性

ビジネスDDにおける市場分析の位置付け

　市場分析の解説にあたっては、まずもってビジネスDDの全工程の中における市場分析の位置付けについて明らかにしておきたい。先述の通り、ビジネスDDとは「限られた時間の中で、専門性に基づき対象会社のビジネスのポイントを見極め、将来の事業計画に落とし込む一連の活動であり、それによって将来にわたって対象会社がどの程度事業から収益を上げるのか定量化し、買収の意思決定を支援するもの」であり、上記の判断においては、「対象会社の所属する市場の成長性・収益安定性は？」(本章で紹介)と「その市場の中での対象会社の競合優位性は？」(Chapter 5で紹介)の両観点で分析していくことが必要となる。

　市場性および競合優位性の両観点の重要性に関して、例えばファックス機器業界を想像してみよう。ファックス機器業界では、いかに対象会社が価格や品質で競合に対して強い優位性を持つ会社であっても、立脚する市場が縮小・衰退していくことが予期される中で、対象会社が稼ぎ続けることは難しいと思われる。一方、その逆もまた然りで、例えば近年市場が拡大しており今後も継続的な市場拡大が見込まれるフードデリバリー業界であるが、各社は優勝劣敗が進んでおり、成長市場に属することのみで継続的に稼ぎ続けることができるわけではない。よって市場性と競合優位性はどちらか片方のみ

ならず、両観点から対象会社を分析していくことが重要である。

市場分析の実務上の難しさ

　ただし、上の例では、ファックス機器市場は衰退市場／フードデリバリー市場は成長市場、と論じたが、実態として市場の成長性・収益の安定性を判断することは簡単ではない。実務においてはまずは「①対象会社の所属する市場をどう定義するか」という点に難しさが存在する。例えば「フードデリバリー市場」と一口にいっても、虫の目で細かく見ると、食カテゴリ別に丼もの系／ラーメン系……、エリア別に都市圏／地方……、と細分化して市場を捉えることもできる。一方で、鳥の目で俯瞰して見ると、広く中食市場と捉えることもできる。上記のような市場の定義の仕方には、唯一解があるというわけでなく、対象会社の収益性を判断するというビジネスDDの目的に照らして、対象会社のビジネス構造や市場および消費者の特性を理解した上で定義する必要があるが、これは実務上の困難を伴うものである。

　また、市場を定義した上で、その市場の「②成長性をどう見立てるか」「③収益の安定性をどう見立てるか」という点も実務上の困難が伴うものである。例えばフードデリバリー市場の成長性・収益の安定性に影響を与えうる因子を考えると、リモートワークの増加／コロナ禍での感染症対策意識の増加は市場の成長を誘引していそうな一方で、足元の不況や物価高は相対的には割高なフードデリバリー市場にとっては向かい風のトレンドとなっていそうである。上記のように複数の因子が複雑に絡み合いながら市場は成長・衰退していくものであり、故に市場の成長性・収益の安定性がどう推移していくかを見通すことは簡単ではない。

　そこで、本章では「①対象会社の所属する市場を適切に定義する」、「②市場の成長性を適切に評価する」、「③市場の収益の安定性を適切に評価する」の3点について、それぞれを詳しく解説していく。

対象会社の市場を
“適切に定義”する

そもそも“市場”とは何か

　市場を定義する方法を解説する前に、まず“市場”とはどのようなものかを最初に考えたい。様々な捉え方があることは承知の上で、**図表4-1**のように本章では「企業（供給）と顧客（需要）の取引額の合計値」であるという市場（特に市場規模）の側面に注目したい。ポイントは、市場とは需給の両側面から規定されるものであり、つまり、**図表4-2**のように市場規模の拡縮は“企業・顧客のどちらか片方のみならず両方の行動・意識変化によって引き起こされる”ものである、という考え方である。本章では以降、市場を具体的に分析していく手法を紹介していくが、その際、需給の片側の視点からのみ検討するのでは不十分であり、企業・顧客の両視点を行き来しながら検討する必要がある点に留意しなければならない。

各種市場レポートにおける“市場”

　ただし、各種市場レポートにおける市場（規模）は、**図表4-3**のように必ずしも需給の均衡点としての市場ではなく、供給サイド／需要サイドのいずれかの視点から検討・規模を算出したものであることが多い。「需給の均衡点が市場規模」であるという原則に鑑みれば、本来的には供給サイド／需要サイドのいずれから算出しても市場規模は常に一意に定まるはずであるが、実態としては需給のどちらの視点から検討するかによって、市場規模の数字が各レポートで異なるということが往々にして存在する。よって、レポートにおける市場（規模）を参照する際には、そのレポートで検討されている市場は需給のどちらの観点で検討・規模を算出したものなのか、加えて、それぞれ

図表4-1 ● "市場規模"の定義

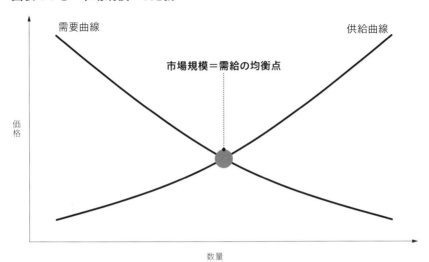

出所：A.T.カーニー

図表4-2 ● 市場拡縮のドライバー

顧客（需要）の変化	企業（供給）の変化

- 少子高齢化
- 独身世帯、核家族の増加
- モノ消費からコト消費へのシフト
- 不景気による消費行動の落ち込み
- コロナの影響による人々の行動変化
- 新たなサービス登場による流行の変化
  etc.

- 政策により業界の規制が緩和
- 特許の期限切れによる競合プレーヤーの
  増加
- 半導体不足による製造量の減少
- 原料価格減少による製造量の増加
- 技術革新による生産性向上
- 自然災害による生産停止　etc.

出所：A.T.カーニー

図表4-3 ● 市場レポートにおける"市場規模"

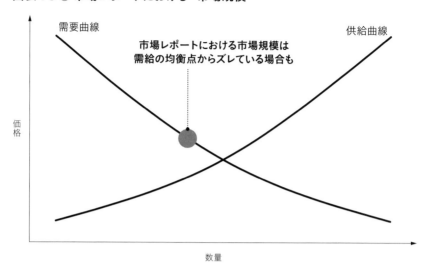

需要曲線　　　　　　　　　　　　　　　　　　供給曲線

市場レポートにおける市場規模は
需給の均衡点からズレている場合も

価格

数量

出所：A.T.カーニー

の観点で検討した市場にはそれぞれどのような特徴があるのか、を把握して
おく必要がある。

●供給サイドから検討した市場

　供給側の販売・出荷総額を積み上げる形で市場規模を算出する場合が多く、
供給をどれだけ精緻に捉えられるかどうかが市場規模の正確性を左右する。
例えば大手4社による寡占が進むビール産業など、主要企業が固定化された
成熟産業では有効なアプローチである一方で、フードデリバリー業界など新
規プレーヤーが多く参入する新興産業では有効でない場合が多い。

　また、例えば人気観光地におけるホテル産業など、需要というよりは供給
力によって市場が規定される需要過多の産業でも有効なアプローチである
（例えば、コロナ以前の京都のビジネスホテルは、ほぼ満室の状態が継続的に続いており、よって、ホ
テルの供給力がほぼそのまま市場を規定していた）。一方で、需要創出型の新興産業など、
供給というよりは需要の強度・多寡によって市場が規定される産業では有効
でない場合が多い（例えば、コロナ禍における京都のビジネスホテルは空稼働が慢性化しており、

よって、供給のみを見ても市場を正しく捉えることは困難である）。

●需要サイドから検討した市場

　需要側のコスト・支出総額の実績を積み上げる形や、需要側の支出意向に基づく形で市場規模を算出する場合が多い。必ずしも実績のみではなく支出意向をもベースに市場規模を検討するため、成熟産業はもちろん、必ずしも需要が顕在化しきっているわけではない、つまり、足元で潜在顧客や非対象顧客が多く存在する新興産業においても有効なアプローチである。

　また、需要の強度・多寡によって市場が規定される供給過多産業においても有効なアプローチである。一方で、どれだけ需要があったとしても供給力によって市場が規定される需要過多産業では有効でない場合が多い。

市場を軸で切り分ける

　ここまで、まず前提として"市場"とはそもそも何かを解説してきた。以降は市場を分析していく手法を具体的に紹介したい。市場分析の際には、まず「①対象会社の所属する市場を適切に定義する」ことが重要である。

　対象会社の所属する市場を適切に定義できないとどのような問題が起きうるか。例えば、対象会社がフィットネス事業を展開するケースを考えてみよう。このとき、対象会社の所属する市場を「フィットネスジム市場」と捉えることもできるが、仮に対象会社が24時間型のジムを中心に展開する企業であれば、「フィットネスジム市場」をさらに細分化して、対象会社の所属する市場を「24時間フィットネスジム市場」と捉えることもできる。

　このとき、2つの捉え方の違いによって何が起きるか。次の**図表4-4、4-5**を見ると、フィットネスジム市場と24時間フィットネスジム市場では過去の市場推移のトレンドは全く異なっており、その背景には各市場の顧客層や顧客のKBFの違いがあることが分かる。つまり、対象会社の所属する市場を見誤ると、対象会社の成長性・収益の安定性の見立てを必然的に見誤ってしまうこととなる。よって、対象会社が所属する市場を適切に定義することは、**市場分析の1丁目1番地として重要な要素なのである**（フィットネス市場自体の解説が目的でないため、顧客層・KBFについては必ずしも正確でない、あくまでイメージである点

図表4-4 ● 市場の捉え方による市場の見立ての違い

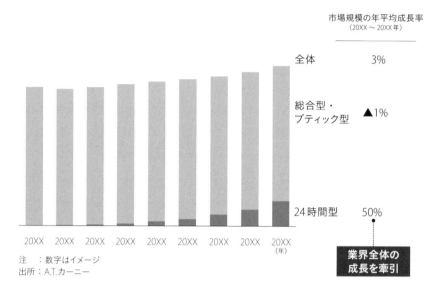

市場規模の年平均成長率
（20XX ～ 20XX 年）

全体　　　　　3%

総合型・
ブティック型　　▲1%

24 時間型　　　50%

業界全体の
成長を牽引

注　：数字はイメージ
出所：A.T.カーニー

図表4-5 ● 顧客層・KBFの違い

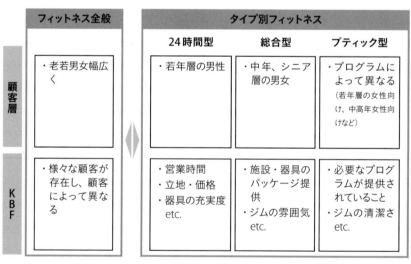

	フィットネス全般	タイプ別フィットネス		
		24 時間型	総合型	ブティック型
顧客層	・老若男女幅広く	・若年層の男性	・中年、シニア層の男女	・プログラムによって異なる（若年層の女性向け、中高年女性向けなど）
KBF	・様々な顧客が存在し、顧客によって異なる	・営業時間 ・立地・価格 ・器具の充実度 etc.	・施設・器具のパッケージ提供 ・ジムの雰囲気 etc.	・必要なプログラムが提供されていること ・ジムの清潔さ etc.

出所：A.T.カーニー

に留意いただきたい）。

　このとき、「どうすれば対象会社の所属する市場を適切に定義できるのか」が重要であるが、そのためには、**図表4-6**のように俯瞰（＝鳥の目）・注視（＝虫の目）の両方を活用して様々な粒度で市場を捉え、その中から適切な粒度を選択することが必要である。

　では、「適切な粒度」とはどのようなものか。市場分析の目的は「対象会社が所属する市場の成長性・収益性を評価する」ことであり、それに照らすと、「全体の中で、成長性・収益性が異なる部分を正しく切り分けられた状態」が適切な粒度といえる。例えば**図表4-4**を見ると、広義のフィットネスジム市場は成長性が異なる３つの市場（24時間型フィットネスジム市場、総合型フィットネスジム市場、ブティック型フィットネスジム市場）から構成されていることが分かる。また、他にも例えばビール類市場は成長性・収益性が異なる３つの市場（ビール酒税区分市場、発泡酒酒税区分市場、新ジャンル酒税区分市場）から構成されている。対象会社が24時間フィットネスジムを中心に事業展開をしている場合には、対象会社の所属する市場は、成長性・収益性の異なる3種の市場の積み上げ

図表4-6 ● 鳥の目と虫の目を駆使して物事を捉える

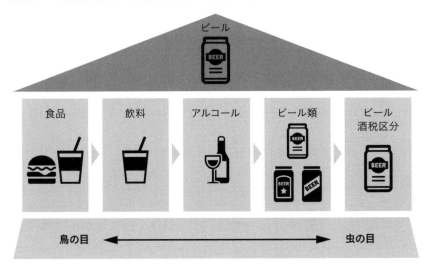

出所：A.T.カーニー

である「フィットネスジム市場」と捉えては不十分であり、虫の目で注視して「24時間フィットネスジム市場」と捉えるべきであるし、一方で、対象会社が3種のフィットネスジムを手広く展開する場合には、3つの市場の積み上げとしての「フィットネスジム市場」と、鳥の目で俯瞰して対象会社の所属する市場を定義するのが適切であろう。

このとき、「成長性・収益性が異なる」軸・切り口をどう発見するかがポイントだが、それは「企業（供給）／顧客（需要）の両主体にとって、何かしらの違い・相違点が生じる軸・切り口がどうか」の観点で探索するとよい。

例えば、フィットネス市場における企業視点の違い・相違点として、出店コスト・ランニングコストを見てみよう。**図表4-7**を見ると、「24時間型／総合型／ブティック型」のジムのタイプによって、出店コストやランニングコストが大きく異なっている。とすれば企業としては各タイプのジムを同一のものとして戦略・戦術を検討することはなく、結果として、市場の成長性や収益性が異なったものとなる。一方で例えば、「（同じょうな条件下の）A県／B県／C県」のエリア軸では、出店コストやランニングコストに大きな相違は

図表4-7 ● フィットネスジムの出店コスト・ランニングコスト

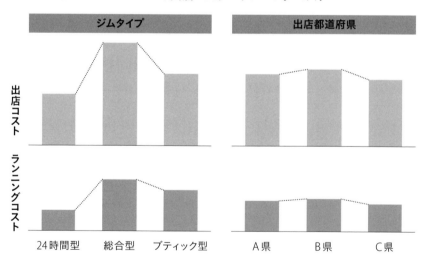

出所：A.T.カーニー

なく、企業・業界にとってエリア軸は特段ビジネス上の意味合いの違いは存在せず、結果、成長性・収益性に差分は生じないということになるであろう（なお、簡単のために、本事例では出店・ランニングコストの観点のみで検討しているが、例えばA県／B県／C県で出店余地が全く異なっている場合には、当然企業・業界にとってエリア軸はビジネス上の意味合いが存在する軸となり、結果、成長性・収益性には差分が生じることとなる）。

　また、顧客視点の違い・相違点として、例えばジムの提供価値、結果として満たされる顧客ニーズを見てみよう。**図表4-8**を見ると、「24時間型／総合型／ブティック型」のジムのタイプによって、提供価値・満たされるニーズは異なっていることが分かる。結果として企業の戦略はジムのタイプによって異なり、当然成長性・収益性も異なってくるであろう。一方で「（同じような条件下の）A県／B県／C県」のエリア軸では、利用する県民の違いはあれども、各県の顧客から見たときに、提供価値や満たされるニーズに特段の違いは存在せず、結果、エリア軸で成長性・収益性には差分は生じないこととなる。よって、需給の両視点で見た際に「エリア軸」でなく「ジムのタイプ軸」で市場を切り分けることが適切であると分かる。

図表4-8 ● フィットネスジムの提供価値（内容はイメージ）

	ジムのタイプ			出店エリア		
	24時間型	総合型	ブティック型	A県　　B県　　C県		
ロケーション	駅前	郊外住宅街	駅前			
施設	・マシン ・シャワー	・マシン ・スタジオ ・プール ・風呂	・スタジオ ・シャワー	3つのジムタイプが同じような分散で存在し、結果的に、満たされる顧客ニーズはエリア別で変わらない		
営業時間	24時間	8:30 〜 21:00	7:00 〜 23:00			
↓						
満たされる顧客ニーズ	安価・便利に施設・器具を利用	プログラムとしての施設・器具コミュニティ感	特別プログラムコミュニティ感			

出所：A.T.カーニー

市場の分解・定義の際は、時として分解自体が目的となってしまい、「企業（供給）／顧客（需要）の両主体にとって違い・相違点が存在しない」、つまり、「成長性・収益性に差分が生じない」軸で市場を細分化してしまうケースも多い。例えば、フィットネスジム市場を都道府県で、さらにその中でも市町村に分解する、といったような場合であり、その場合、工数は膨らむも、市場の成長性・収益性評価の精緻化にはつながらない。繰り返しになるが、市場分析自体の当初の目的は「対象会社が所属する市場の成長性・収益性を評価する」ことであり、そのためには「全体の中で、成長性・収益性が異なる部分を正しく切り分けて、対象会社の所属する市場を定義する」ことが重要である。

なおこれまで、市場を正しく分解・定義する方法、つまり、適切な軸で市場を切り分ける方法を説明してきたが、実際は、ゼロベースで考えなくとも、市場レポートの分解をそのまま使えるケースも多い。ただし、市場レポートの分解はこれまで説明してきた"適切"な分解とは異なる場合もあり（例えば、集計上の都合の良い軸で市場を分解している場合もある）、その場合はゼロから検討してい

図表4-9 ● 参照すべき市場レポートの例

総研系・リサーチ企業の業界調査	・リサーチ企業（矢野経済研究所、富士経済等） ・総研系（みずほリサーチ＆テクノロジーズ、野村総合研究所等） ・海外リサーチ企業（Euromonitor等）
業界団体の業界レポート	・JACDS（日本チェーンドラッグストア協会） ・CCAJ（日本コールセンター協会） ・JEITA（電子情報技術産業協会）等
政府・公的機関の統計情報	・e-Stat（政府統計の総合窓口）

出所：A.T.カーニー

く必要がある。

市場の "成長性" を評価する

市場の成長性評価の難しさ

これまで「①対象会社の所属する市場を適切に定義する」手法を説明してきた。以降は適切に分解・定義した市場について、まず「②市場の成長性を適切に評価する」手法について解説する。

図表4-10 ● フードデリバリー市場のパラメータ分解 （例示的）

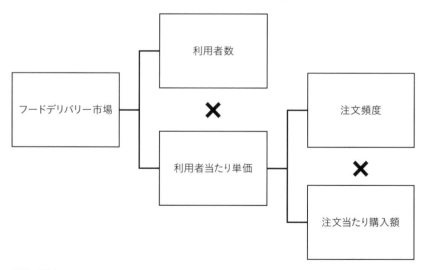

出所：A.T.カーニー

成長性の評価においては、**図表4-10**のようにまずは、「②-1. 市場をパラメータに分解する」ことが重要である。というのも「フードデリバリー市場」というように、漠然と広く市場を捉えるのみでは、市場成長／衰退の様々な因子の複雑な絡み合いを理解することは困難で、結果として成長性を評価することも簡単ではない。そこで例えば、利用者数が伸びているのか／利用者当たりの単価が伸びているのか、また、利用者当たり単価も、注文頻度が増えているのか／注文当たり購入額が増えているのか、といったように市場をパラメータに分解することで、例えば、利用者数は〇〇の要因により継続的に伸長が見込まれるが、利用者当たりの単価は〇〇の要因により横ばいで推移する、といったように成長性の議論が格段にしやすくなるのである。

　ただし先ほど「利用者数は〇〇の要因により継続的に伸長が見込まれる」としたが、分解した各パラメータが実際にどう推移するのかを見立てることは実務上簡単ではない。例えば、リモートワークの増加／コロナ禍での感染症対策意識の高まりは利用者数の成長を誘引していそうな一方で、足元の不況や物価高は相対的には割高なフードデリバリー市場にとっては向かい風のトレンドとなっていそうである。上記の難しさを解消するために「②-2. パラメータに影響を与えるドライバーを特定する／ドライバーの今後の変化を予測する」ことが助けとなる。

　よって以降は、市場の成長性の評価を「②-1. 市場をパラメータに分解する」「②-2. パラメータに影響を与えるドライバーを特定する／ドライバーの今後の変化を予測する」の2つに分けて、分析の考え方・手法を紹介したい。

対象会社の所属する市場をパラメータに分解する

　パラメータ分解について、パラメータ分解のパターンは一意ではなく、例えばフードデリバリー市場を例にとっても、**図表4-11**のように「利用者数」×「利用者当たり単価」と分解することもできれば、「中食市場」×「フードデリバリーシェア」、「フードデリバリー提供事業者数」×「1事業者当たり売上」、もしくは、「都市圏での売上」＋「地方での売上」のように分解することもできる。市場のパラメータ分解には唯一解があるというわけでなく、

「対象会社の収益性を判断する」というビジネスDDの目的に照らして、対象会社のビジネス構造や市場および消費者の特性を理解した上で、"適切な切り口"を見つける必要がある。

　"適切な切り口"を見つけた上で、さらに"適切な粒度"で分解する必要もある。例えば、あるフードデリバリー事業者のビジネスDDにおいて、「『利用者数』×『利用者当たり単価』」が本ビジネスDDでの適切な切り口であると発見したとしても、「利用者数」「利用者当たり単価」の粒度では依然各パラメータの増減を議論することは簡単ではないし、一方で、「利用者」を例えばさらに「『居住エリア』×『性年代』」と徒に細かく分解してもパラメータの増減の議論が精緻にできるようになるというわけではない（むしろデータ取得も含めて徒に工数だけが膨らむ結果となる可能性も高い）。

　このとき、"適切な切り口・粒度"はどう判断すべきか。パラメータ分解の目的は「市場の成長性を正しく評価する」ことであり、その目的に鑑みると、パラメータ分解は「パラメータを変化するパラメータ／変化しないパラメータに仕分け、変化するパラメータについてはどの程度変化するのかを議

図表4-11 ● フードデリバリー市場の様々な分解パターン

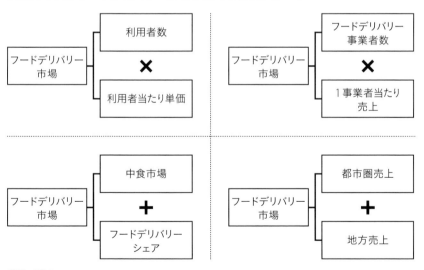

出所：A.T.カーニー

論できる」切り口・粒度が望ましいものといえる。

　「切り口」に関して、その市場のビジネスモデル、つまり、売上がどう形成されるか、を理解することが“適切な切り口”を見つける助けとなる。下記でいくつかビジネスモデルに応じた市場分解の切り口を例示したい。まず、半導体製造装置市場のように、B2Bで特定の大型顧客向けに商材を販売するビジネスであれば、各大型顧客が今後どのような購買行動をとりうるかが市場を左右するため、「特定の大型顧客別に売上を分解する（大型B2B型）」のが適しているであろう。また、フィットネスジム市場や外食市場のように、B2Cで、かつ総市場が店舗・施設などのアセットに制約を受けるビジネスであれば、「アセット数×アセット当たり売上高（アセット型）」の分解が適している。一方でウォーターサーバー市場、フードデリバリー市場のように、B2Cで、かつ総市場がアセットに制約を受けないビジネスであれば、「顧客数×顧客当たり売上高（客数型）」の分解が適している。最後に、ドラッグストア市場やホームセンター市場のように、複数チャネルで購入可能な財・サービスを取り扱うビジネスでは「総需要×チャネルシェア（総需要内シェア型）」の分解が適している（ドラッグストアのような店舗系のビジネスの場合はチャネルシェア算出に当たり、アセット型・客数型（店舗数×1店舗当たりの客数×客単価）も複合的に活用する必要がある）。分解の切り口は先述の典型4パターンに収斂することが多く、まずは**図表4-12**の市場のパラメータ分解のアルゴリズム、**図表4-13**の各パターンのパラメータ分解例を参考としていただきたい。もちろん市場によっては典型パターンに当てはまらないこともあり、そのときは対象会社のビジネスモデルに応じて、適切な分解を検討する必要がある。

　その上で「粒度」に関して、先ほど解説した「切り口」における分解粒度では、まだ十分に「変化するパラメータ／変化しないパラメータに仕分け、変化するパラメータについてはどの程度変化するのかを議論できる」粒度となっていないことが多く、さらに各パラメータを細分化して捉える必要がある。

　例えば、フードデリバリー市場における「客数」「顧客当たり単価」はそのままではパラメータの増減を検討することは難しく、「客数」はさらに、例えば「コロナ以前からの利用者＋コロナ期以降の利用者」、「顧客当たり単

図表 4-12 ● パラメータ分解のアルゴリズム

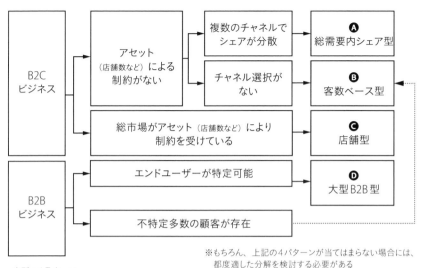

出所：A.T.カーニー

※もちろん、上記の4パターンが当てはまらない場合には、
都度適した分解を検討する必要がある

図表 4-13 ● 各パターンのパラメータ分解例

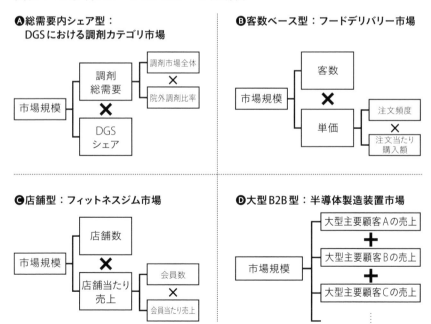

出所：A.T.カーニー

価」はさらに、例えば「顧客当たり注文頻度×注文当たり購入額（注文当たり商品数×商品単価）」の粒度まで分解することで、初めてその増減の議論がしやすくなる。例えば「客数」について、「客数」と漠と捉えれば、その中には増加する構成要素／減少する構成要素が含まれるためそれらの影響を統合して成長性を語ることは簡単ではないが、「サービス利用開始時期」で客数を分解することで、例えば、「コロナ以前からの利用者はコロナが収束して以降も使い続けるだろう」「コロナ期以降の利用者はコロナが収束すれば剥落するだろう」とパラメータ増減の議論は格段にしやすくなるものである（なお上記では簡単のためにサービス開始時期のみで客数を分解したが、実態は、コロナ期以降の利用者でもフードデリバリー利用の習慣の定着度は異なり、それによってコロナ収束以降の剥落有無は異なるはずで、例えばフードデリバリーを利用する理由などでさらに顧客を細分化して捉える必要がある）。

ただし、パラメータをさらに分解する軸には留意が必要である。**図表4-14**のように例えばフードデリバリー市場の「客数」は「コロナ時期以前からの利用者＋コロナ時期以降からの利用者」の他にも、例えば「男性利用者＋女性利用者」、「都心在住の利用者＋地方在住の利用者」、「就業者の利用

図表4-14 ● フードデリバリー市場の"利用者数"の切り口

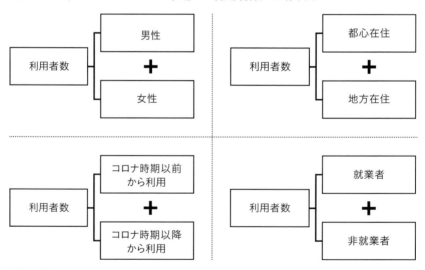

出所：A.T.カーニー

者＋非就業者の利用者」など、様々な軸で分解することも可能である。パラメータ分解の目的は「市場を変化するパラメータ／変化しないパラメータに仕分け、変化するパラメータについてはどの程度変化するのかを議論できる」ことであり、照らすと、変化する／しないパラメータがきちんと浮かび上がる／かつその理由が説明できる軸が良い軸といえる。先述の通り、「サービス利用開始時期」はサービス利用開始理由／サービスの継続理由が異なるはずで、結果、今後の変化の有無に差が出る良い軸といえそうであるが、一方で、例えば「都心の中でも港区在住／渋谷区在住」のような軸は、それは必ずしも今後の変化の有無に差が存在しない、有効ではない軸といえそうである。なお、実務上は一発で良い軸が見つかるというものではなく、軸の幅出し⇄軸の良し悪しの評価、を複数回繰り返すことで、良い軸を探索することが必要となる。なお、良い軸の探索に際しては、対象会社の事業KPIの設定は参考となることも多く、現KPIの設定趣旨も含めて対象会社に確認をすると良い。

　また分解時には「データの取得が可能であること」にも留意したい。ビジネスDDは限られた時間の中で、本章で説明する市場分析も含む幅広い項目を分析する必要があり、よってデータ取得それ自体に割ける時間は必ずしも多くはないことが多い。本来的にはさらに分解した方がより精緻になるという場合でも、データアベイラビリティにも鑑みながら、必要十分な分解粒度はどの程度かを考えることが重要である。

パラメータに影響を与えるドライバーを特定する／ドライバーの今後の変化を予測する

　これまで、市場をパラメータに分解する手法を解説してきたが、市場の成長性評価のためには、各パラメータが今後どう推移していくかを見立てることも重要である。ただしこの点、ビジネスDDでは時間が限られる中で「過去トレンドを継続」「過去数値を横置き」といったように簡易的にパラメータの推移を見立てることが多い。一方で、「パラメータのこれまでのトレンドはどのようなドライバーによるものだったか」「そのドライバーは今後どうなるか」を評価しないままに簡易的に見立てては、結果的に市場の成長性

を誤って評価してしまう可能性がある。よって以降、「❶パラメータに影響を与えるドライバーを特定する」「❷ドライバーの今後の変化を予測する」の2点に分けて、パラメータの今後の推移を予測する手法を解説する。

まずは、「❶パラメータに影響を与えるドライバーを特定する」に関して、パラメータの分解軸の探索と同じく、良いドライバーをいきなり特定することは難しく、ドライバー候補を広く洗い出した上で、パラメータの過去の変曲点におけるドライバーの動向／パラメータ・ドライバーの相関関係等に着目し、パラメータの変化を説明するドライバーを見つけ出すことが重要である。

ここで、ドライバー候補を広く洗い出すに際しては、本章の冒頭で述べた通り、「市場は需給の均衡点」であるため、ドライバー候補は需要・供給の両視点から幅出しをするとよい。例えば介護産業では、需要の視点では「総人口の減少」「高齢者数の増加」「高齢者の健康状態の変化」などがドライバーとしてありそうで、供給の視点では「介護報酬改定による人材確保の難易度変化」「DXの推進による現場のオペレーション効率改善」などがドライ

**図表4-15 ● ドラッグストアにおける調剤カテゴリ市場の
パラメータとドライバーの分析**

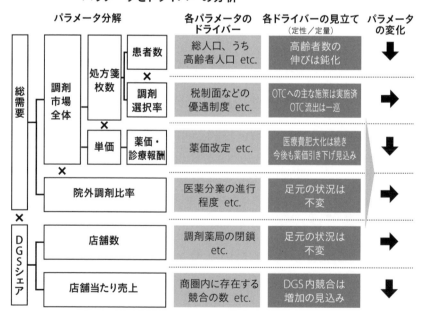

出所：A.T.カーニー

バーとしてありそうである。また、PESTのフレームワークも広くドライバー候補を幅出しするにあたって有効な場合が多い。上記のようにして幅出ししたドライバー候補について、パラメータの過去の変曲点におけるドライバーの動向／パラメータ・ドライバーの相関関係等に着目し、過去のパラメータの変遷を説明する有効なドライバーを見つけ出すことが必要である。

次に、「❷ドライバーの今後の変化を予測する」に関して、❶で特定した各ドライバーが今後どう推移していくか、実際に手と足を動かして情報を取りに行く。例えば「総人口」「高齢者数」のように信頼できる予測機関のデータがあるものについてはそちらを参照し、例えば「高齢者の健康状態の変化」「DXの推進による現場のオペレーション効率改善」のように必ずしも信頼できる既存のデータがない場合にはエキスパートインタビュー・消費者調査等で定量／定性的に今後の変化トレンドを見立てることが必要となる。

これまでの総まとめとして、**図表4-15**でドラッグストアにおける調剤カテゴリ市場のパラメータ分解・ドライバーの特定・ドライバーの見立てのイメージを、簡単だが例示する（ドラッグストア市場自体の解説が目的でないため、各種見立

図表4-16 ● 市場予測のグラフ化・チェック

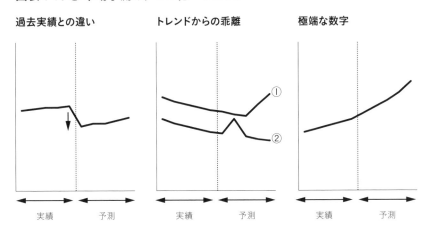

過去実績との違い

実績　予測

実績と予測の間に
急激なギャップがある

トレンドからの乖離

①
②

実績　予測

①途中で傾向が急転する
②単年のみ異常値である

極端な数字

実績　予測

どこまでも過去トレンドの
ままに数字が上昇する

出所：A.T.カーニー

てについては必ずしも正確でない、あくまでイメージである点に留意いただきたい)。

パラメータ／ドライバーから試算した市場予測に
おかしな点がないか、"グラフ化"してチェックする

　最後にこれまで検討してきたパラメータ・ドライバーに基づいて、実際に
市場予測を試算することとなる。このとき、試算結果としての市場予測がい
びつな形となることもあり、それが合理的に説明されるケースも存在するが、
多くは計算・処理に誤りがあるケースが多い。市場予測を試算した後は、予
測におかしな点がないか、**図表4-16**のように"グラフ化"して視覚的にも
チェックすることが重要である。

| Section 4 | 市場の"収益の安定性"を 評価する |

収益の安定性評価の必要性

　これまで、「①対象会社の所属する市場を適切に定義する」「②市場の成長
性を適切に評価する」手法を解説してきた。最後には「③市場の収益の安定
性を適切に評価する」具体的な手法を解説したい。
　一般に市場分析というと、「成長性」のみが論点に挙げられることが多い
が、ビジネスDDにおいては「収益の安定性」を検討することも同じく重要
である。なぜならば、近年の変化の激しい情勢においては投資期間内に対象
企業の所属する市場の収益性が変化することもあるからである。例えば自動
車業界のように、一連のバリューチェーンの中で、どの機能が付加価値を生
み出すかが変化することもあれば、一方液晶テレビ市場のように、新興プレ

図表 4-17 ● 自動車市場のバリューチェーンの付加価値構造の変化

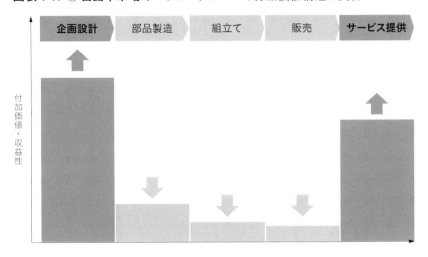

出所：A.T.カーニー

図表 4-18 ● 液晶テレビ市場のシェア・価格推移

東京23区内のテレビ平均単価の推移

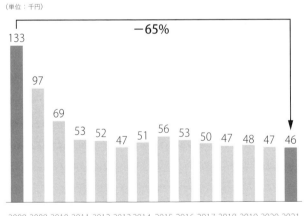

国内液晶テレビシェア
の比較

出所：BCNランキング、e-StatよりA.T.カーニー作成

ーヤーの登場を機とした価格破壊により業界全体の収益性が毀損される場合も存在する。「対象会社が継続的に稼ぎ続けることができるか」という市場分析の狙いに立ち返ると、"規模の成長性"に加え、"収益の安定性"も同じく重要な観点なのである。

対象会社の所属する市場の"収益構造"を理解する

収益の安定性を分析するにあたっては、まずは対象会社の所属する市場の足元の"収益構造"を理解することが肝要である。このとき、繰り返しとなるが市場とは需給の均衡点であり、よって収益構造も需給の両観点から検討することが望ましい。上記を踏まえた際に、収益構造を理解するためのキー論点は「顧客（需要）は誰で、何に／なぜ対価を支払っているのか」「企業（供給）は誰で、どのような／どのように財・サービスを提供しているのか」の2つであり、「❶商流」「❷バリューチェーン」「❸マーケット分散」「❹コスト構造」の4視点で整理することが、キー論点を解く、つまり、市場の収

図表4-19 ● 自動車業界の❶商流

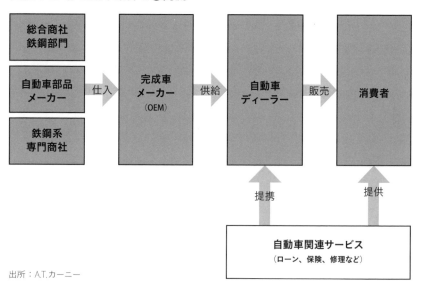

出所：A.T.カーニー

図表4-20 ● 自動車製造業界の❷バリューチェーン

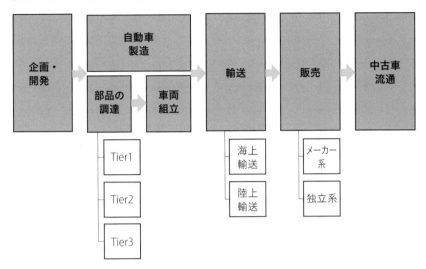

出所：A.T.カーニー

図表4-21 ● 自動車業界の❸マーケット分散

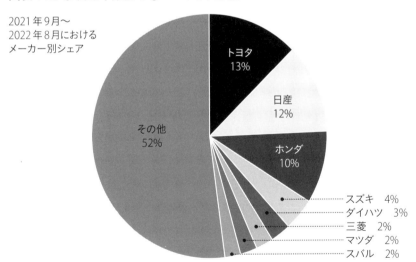

2021年9月〜
2022年8月における
メーカー別シェア

出所：（一社）日本自動車販売協会連合会資料よりA.T.カーニー作成

図表4-22 ● 自動車製造業界の❹コスト構造

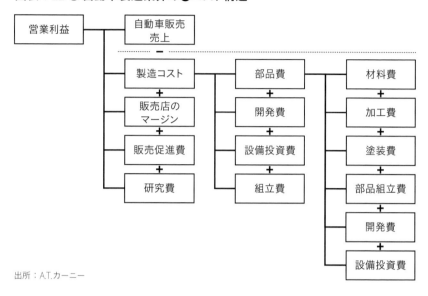

出所：A.T.カーニー

益構造を理解する助けとなる（自動車業界における❶〜❹を例示する）。

収益構造の変化パターン

　これまで、"足元"の収益構造を理解するための4つの視点を解説してき
た。以降は足元の収益構造が"どう変化するか"を見立てる方法を具体的
に解説していく。収益構造が変化するパターンは複数あるが、それはこれま
で解説してきた4視点のいずれかの変化と理解することができ、よって、4
つの視点のそれぞれの変化有無／変化程度を予測することが、すなわち収益
構造の変化有無／変化程度を予測することといえる。以下では4つの視点の
それぞれの変化パターンを、事例を交えながら紹介する。
　「❶商流それ自体の変化」：例えばアパレル市場について、次の**図表4-23**
を見ると、過去はメーカーの生産した衣服等は卸売りを経由して小売店で販
売されることが一般的であったが、メーカーが卸売りを経由せずに、直接自

社店舗や自社ECを経由して販売する形態も徐々に増えてきている。これは
まさに商流の変化であり、市場の収益性の変化を引き起こす1つのパターン
である。一般には最終消費者に届くまでの商流が長いほどにコストは嵩むた
め、例えば技術革新や顧客の購買行動変化によって商流が短縮されればそれ
だけ収益性は高まり、一方で商流が長くなればそれだけ収益性は棄損される。

　「❷バリューチェーンの付加価値構造の変化」：例えば自動車市場について、
図表4-24の通り、足元はバリューチェーンにおける「サービス提供」の付
加価値が高まる一方で、「製造」〜「販売」の付加価値は低下していくこと
が予期される。自動車市場の変化を解説することが目的ではないため詳細は
割愛するが、自動車のコネクテッド化・自動運転の実現が進むほどに、車へ
期待する価値は"移動"から"移動中の体験"にシフトすることが予測され、
結果的にサービス提供事業者・プラットフォーマーの付加価値が相対的に増
大していくこととなる。例えば対象会社が部品製造をメインとする企業であ
れば、その収益性は棄損されていくことを織り込んで投資を検討する必要が
ある。

図表4-23 ● アパレル市場の商流の変化

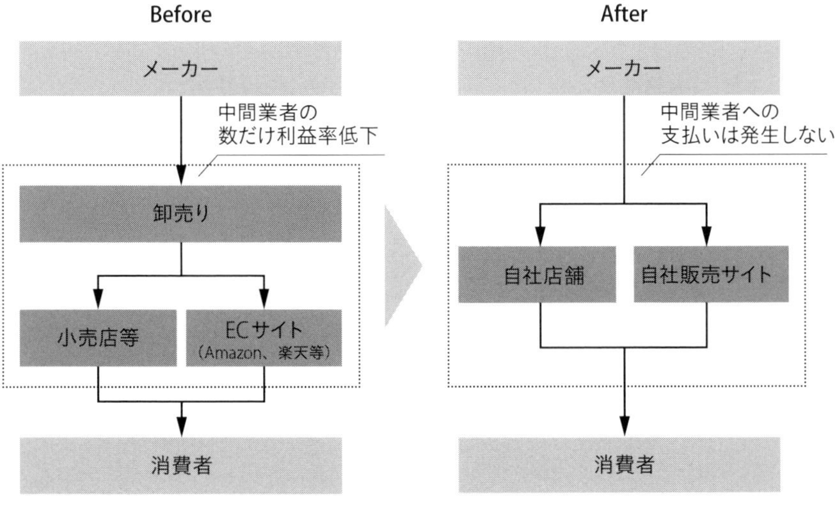

出所：A.T.カーニー

図表 4-24 ● 自動車市場のバリューチェーンの付加価値構造の変化 （再掲）

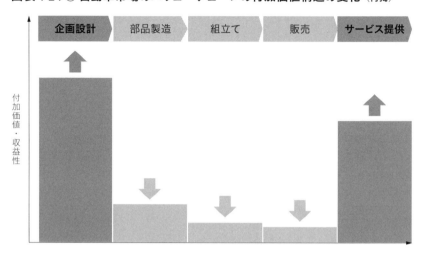

出所：A.T.カーニー

図表 4-25 ● 通信サービス市場のマーケット分散の変化

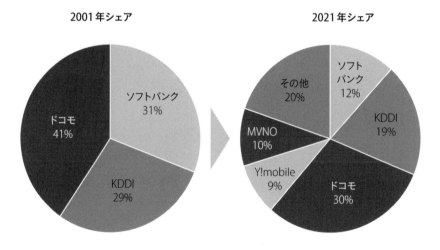

出所：（一社）電気通信事業者協会、総務省、MMD研究所資料よりA.T.カーニー作成

図表4-26 ● ウォーターサーバー市場のコスト構造における各費目の多寡の変化

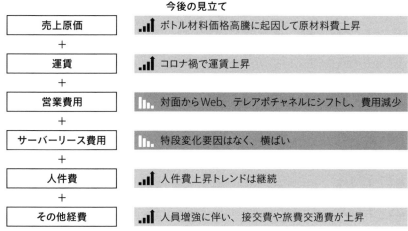

今後の見立て

売上原価	..ıll ボトル材料価格高騰に起因して原材料費上昇
+	
運賃	..ıll コロナ禍で運賃上昇
+	
営業費用	llıı. 対面からWeb、テレアポチャネルにシフトし、費用減少
+	
サーバーリース費用	llıı. 特段変化要因はなく、横ばい
+	
人件費	..ıll 人件費上昇トレンドは継続
+	
その他経費	..ıll 人員増強に伴い、接交費や旅費交通費が上昇

出所：A.T.カーニー

　「❸マーケット分散の変化」：冒頭紹介した液晶テレビ市場や通信サービス市場のように新興プレーヤーの登場を機とした価格破壊により業界の収益性が棄損される場合も存在する。プレーヤーが増え自由競争が進むほど一般に価格の低下が進行し、業界の収益性は悪化することとなる。プレーヤー増加の引き金は法規制変更もあれば、技術革新に伴う参入障壁低下なども存在する（**図表4-25**）。

　「❹コスト構造における各費目の多寡の変化」：各費目の多寡の変化によって収益性が変化する場合もある。例えば**図表4-26**の通りウォーターサーバー市場を例にとると、ボトル材料価格高騰に伴う原材料費の上昇、コロナ禍での運賃の上昇、人材不足の進行による人件費の上昇など、悪化が見込まれる費目もあれば、Webチャネルシフトによる営業費用の減少など改善が見込まれる費目も存在する。各費目の変化を統合的に勘案して、結果市場全体の収益性はどう変化するかを見立てることが必要となる。

収益構造の変化有無／程度を予測する

　これまで、収益構造の変化のパターンを解説してきたが、最後に、具体的に収益構造の変化有無／程度を予測する手法を解説したい。4つのパターンについて、まず「❹コスト構造における各費目の多寡の変化」に関しては、足元のコスト構造を前提とした延長線上の変化であり、過去トレンドの分析やマクロ統計、エキスパートインタビュー等を通じ、今後の変化を見立てていくことが可能である。

　一方で、「❶商流それ自体の変化」、「❷バリューチェーンの付加価値構造の変化」、「❸マーケット分散の変化」については、もちろん足元の延長線上での変化もあるが、破壊的な技術革新やイノベーティブな新興プレーヤーの登場など、非連続な事象によって変化が引き起こされることも多く、その技術革新・新興プレーヤー登場の蓋然性をビジネスDDの時点で完璧に分析・理解しておくことは実態として容易ではない。もちろん、リサーチ等を通じながらその蓋然性を評価することも重要であるが、加えて技術革新・新興プ

図表4-27 ● 顧客にとって"チョコレート"とは

出所：A.T.カーニー

96

レーヤーの登場が仮に起きた際に、市場にどのような／どの程度のインパクトが生じるかを評価しておくことも同じく重要である。

技術革新・新興プレーヤー登場による市場へのインパクトを把握するにあたっては、顧客のロックインの程度、つまり誰が／何に／なぜ対価を支払っているのか、を理解することが助けとなる。例えばチョコレート市場を例に考えてみよう。**図表4-27**のように「甘味」「疲労回復の手段」のような物質的価値に対価を支払う顧客もいれば、「ストレス発散方法」「一日の終わりのご褒美」といった精神的価値に対価を支払う顧客も存在する。上記のような価値を重視し、同時にその価値をチョコレートに強く見出す顧客であれば1粒1,000円以上のいわゆる高級チョコレートを購入することもあるし、上記のような価値をそこまで重視せず、また、チョコレートにその価値をさほど見出さない顧客であれば安価なチョコレートを購入するに留まるであろう。

このとき、例えばだが、現チョコレートユーザーの9割が「チョコレートならではの食感・味・食べ応えの物質的価値に対価を支払っている」また「精神的な満足度のためには安すぎないことも重要であり今の価格がちょうどいい」という状況であれば、いかに菓子業界で技術革新が起き、また、菓子の周辺市場で新興プレーヤーが登場したとしてもチョコレート市場が受けるインパクトは軽微であろう。一方で、例えば現チョコレートユーザーの9割が「ストレス発散の精神的価値に対価を支払っている」「チョコレートはストレス発散手段のOne of themであり、価格がより安いものがあればチョコレートから切り替える」という状況であれば、現在のチョコレート市場は、技術革新・新興プレーヤーの登場などによって簡単に瓦解しうる可能性を秘めていることとなる。なお、上記のような消費者のニーズの種類・強度は、消費者サーベイやデプスインタビュー等を通じて分析することが多い。

先述したチョコレートのような消費財を例に、「誰が／何に／なぜ対価を支払っているのか」の観点から、非連続な事象が生じた際のインパクトの多寡を分析する手法を解説してきたが、商材によっては、この観点に加え、スイッチングコストの観点で分析することも有効である。例えば典型的には基幹システムは現場オペレーションの慣れや関連アプリケーションとの紐付きによってスイッチングコストで大きな切り替えが起こりにくい場合が多く、また、ゲーム機器をはじめとするハード＋ソフト商材でもハード購入のサン

クコストに鑑みて切り替えが起こりにくい場合が多い。技術革新などによって完全上位互換の代替市場が登場しても、必ずしも短期的に市場の収益性が毀損されない場合もあり、対象会社の所属する市場がどういった特性を持つ市場であるかを理解しておくことが重要となる。

終わりに

　以上、対象会社の所属する市場の成長性・収益の安定性を評価する具体的な手法について紹介してきた。繰り返しとなるが、ビジネスDDとは「限られた時間の中で、専門性に基づき対象会社のビジネスのポイントを見極め、将来の事業計画に落とし込む一連の活動であり、それによって将来にわたって対象会社がどの程度事業から収益を上げるのか定量化し、買収の意思決定を支援するもの」であり、市場分析も上記のビジネスDDの目的に照らして必要十分に行う必要がある。ともすれば機械的に市場レポート等を参照するなど、プロセス自体が目的化してしまうケースも多いものであるが、常にビジネスDDの目的・その中での市場分析の位置付けを意識しながら手を動かすことに留意したい。

　次章からは、同一の市場内における自社と競合の違い、結果としての対象会社の儲けの継続性を評価するにあたり具体的にどのような点に留意して、またどのようなアプローチで考えるのが良いかといった実際の分析について説明していきたいと思う。

Column

外部調査機関によって市場規模が大きくズレる？

　本文でも触れたが、市場調査をする際に参照する市場調査レポートによって、市場規模の数値が異なることも多い。具体的には、以前フードデリバリー関連のビジネスDDを実施したときには、あるレポートでは、フードデリ

バリーの市場規模は約6,000億円と書かれ、他のレポートでは約4,000億円と書かれ、他にも違うレポートには約3,000億円と書かれていた。このように出所によって市場規模に2倍近い乖離があり、どれを参照すべきか非常に迷った記憶がある。

　また、調査機関が出しているレポートに記載されている市場規模と、工業統計や商業統計といった政府統計の数値が大きく異なるということもよくある。若いコンサルタントなどが、必死にリサーチしてレポートを見つけるとそこに飛びついてしまうということも往々にしてある。著者も、たまたま見つけたレポートをもとに分析を進めていたら、主な企業各社の売上を足したときの規模感と一致しなかったり、対象会社のシェアが変な水準になっていることに後から気づき、作業が手戻りしたという経験をよくした。また、若手コンサルタントがマネージャーから市場規模の違和感を指摘され、その場でパソコンで検索すると違う数値が出てきて、議論になっている姿もよく見てきた。

　このように調査レポートによって市場規模などに違いがあると、参照しているレポートの違いによって議論の前提条件が擦り合わされなかったので議論がかみ合わないということが起こったり、各種分析をした場合に結果が異常な挙動をしたりすることになる。

　そのため、プロジェクトの最初に何を起点とするかを正しく定めることが重要であり、短期的には手間になっても、たまたま見つけた市場レポートの数値が、肌感覚にあうか（主要企業の売上の積み上げや、ユーザー数と単価からの感覚など）を確認し、もしズレていれば、もう少し幅広に調査をしてみることが、後々の無用な議論を避けることにつながるのである。

Chapter 5

....

フェーズ2：トランザクションの進め方❸
自社・競合分析の仕方

　自社・競合分析の解説にあたっては、まずはビジネスDDの全工程の中における自社・競合分析の位置付けについて明らかにしておきたい。ビジネスDDの意義とはChapter 3で触れた通り、「限られた時間の中で、専門性に基づき対象会社のビジネスのポイントを見極め、将来の事業計画に落とし込む一連の活動であり、それによって将来にわたって対象会社がどの程度事業から収益を上げるのか定量化し、買収の意思決定を支援するもの」である。その判断の精度を上げていくためには、「対象会社の所属する市場の成長性・収益安定性は？」(市場分析／Chapter 4で紹介) と、「その市場の中での対象会社の競合優位性は？」(自社・競合分析／本章で紹介) の観点で分析を行うことで儲けの仕組みと持続性について深く理解していくことが必要となる。

　ビジネスの現場で共通していえることだが、特にビジネスDDにおいてはその時間とプロセスの制約から「選択と集中」の観点が大事となる。自社・競合分析で求められる「選択と集中」の観点を身につけ、効率よく的確な分析の工程を身につけるのがこの章のゴールとなる。

図表5-1 ● 本章の全体像

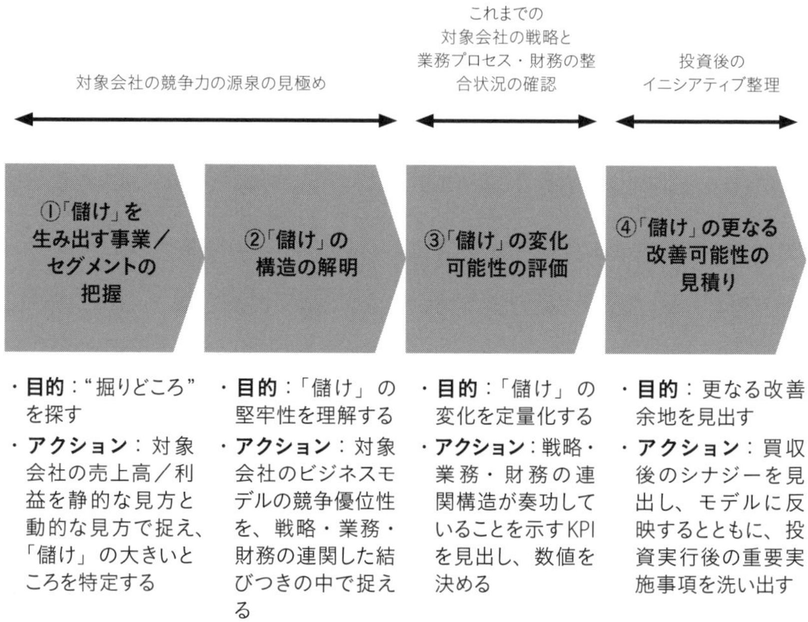

これまでの
対象会社の戦略と
業務プロセス・財務の整
合状況の確認

対象会社の競争力の源泉の見極め

投資後の
イニシアティブ整理

①「儲け」を生み出す事業／セグメントの把握	②「儲け」の構造の解明	③「儲け」の変化可能性の評価	④「儲け」の更なる改善可能性の見積り
・**目的**："掘りどころ"を探す ・**アクション**：対象会社の売上高／利益を静的な見方と動的な見方で捉え、「儲け」の大きいところを特定する	・**目的**：「儲け」の堅牢性を理解する ・**アクション**：対象会社のビジネスモデルの競争優位性を、戦略・業務・財務の連関した結びつきの中で捉える	・**目的**：「儲け」の変化を定量化する ・**アクション**：戦略・業務・財務の連関構造が奏功していることを示すKPIを見出し、数値を決める	・**目的**：更なる改善余地を見出す ・**アクション**：買収後のシナジーを見出し、モデルに反映するとともに、投資実行後の重要実施事項を洗い出す

出所：A.T.カーニー

　では実際に効率よく的確な「自社・競合分析」は、どのような工程で進めていけばよいのか？　実務的には4つの工程から分析、結論を出していくケースが多い。具体的には①「儲け」を生み出す事業／セグメントの把握、②「儲け」の構造の解明、③「儲け」の変化可能性の評価、④「儲け」の更なる改善可能性の見積り、の4つの工程となる。多くの場合には、戦略という概念的な視点にフォーカスしがちだが、具体的には業務プロセスや組織、具体的な財務指標での分析も必要となってくる。

「儲け」を生み出す事業／セグメントを把握する（精査の優先順位付け）

　まず対象会社のビジネスのポイントを見極めるにあたって指針となるのは、「“掘りどころ”を探す＋“掘らないところ”を決める」ということとなる。というのもトランザクション成立までの全体プロセスを考えた場合、1つのビジネスDDにかけられる時間は4週間から6週間程度であることが多い。また対象会社の情報も、ビジネスDD期間中にそのすべてを把握することは難しく、多くは対象会社が作成するIM（インフォメーション・メモランダム）およびVDR（バーチャルデータルーム）を介して対象会社に請求するデータリクエストおよびマネジメントインタビューの3つから得られる限定的な情報をもとに精査をする必要がある。

　その時間とプロセス上の制約から、対象会社が保有するすべての事業／セグメントを精査することは現実的に難しく、またビジネスDDの目的である「限られた時間の中で、専門性に基づき対象会社のビジネスのポイントを見極め、将来の事業計画に落とし込む一連の活動であり、それによって将来にわたって対象会社がどの程度事業から収益を上げるのか定量化し、買収の意思決定を支援するもの」という趣旨から照らしても適切とはいえない。

　対象会社の多くは、大小含め複数の事業を保有していることが多いが、その中でも投資判断に影響を与えるような事業、すなわちその会社の主要な「儲け」を生み出し、企業価値を左右している事業は一握りであったりすることが多い。そのような企業価値を左右するような「儲け」を生み出す事業／セグメントにフォーカスし、その構造をより深く捉えることが、投資判断の精度を向上させることにつながる。

　では主要な「儲け」を生み出す事業／セグメントをどのように特定すればよいのか？　そのためには2つの視点をもって企業全体の事業を仕分けていくことが肝要となる。1つ目は、足元の売上／利益という事実を静的な見方

（Snap Shot）で捉え、どの事業が稼いでいる＝キャッシュを生み出しているのかを理解する「静的」な視点。2つ目は過去から現在、そして未来（計画）に至り売上／利益がどう推移してきたのかを動的な見方（historical）で捉え、どの事業が今後稼ぎの柱になりそうなのかを理解する「動的」な視点である。

静的な視点で会社を見る（売上で捉える）

　まずは対象会社がどのような「会社」であるのかを捉えていく。すなわちどの事業／セグメントが大きいのか、どのような要素にお金を費やしているのか、直感的に理解できるように整理していくとよい。具体的な見方としては「売上」、「コスト」の観点で、事業規模や支出の大小関係を捉えていく。

　まずは売上の観点で、事業を見ていこう。例えば、あなたがとあるB2B向け機械機器を販売するメーカー企業K社を対象会社としてビジネスDDをやることになったとする。この会社は**図表5-2**の通り事業としては大きく3つ存在し、祖業である事業A、その周辺・派生事業として事業B、Cを保有

図表5-2 ● K社（B2B向け機械販売会社）**の事業構造**

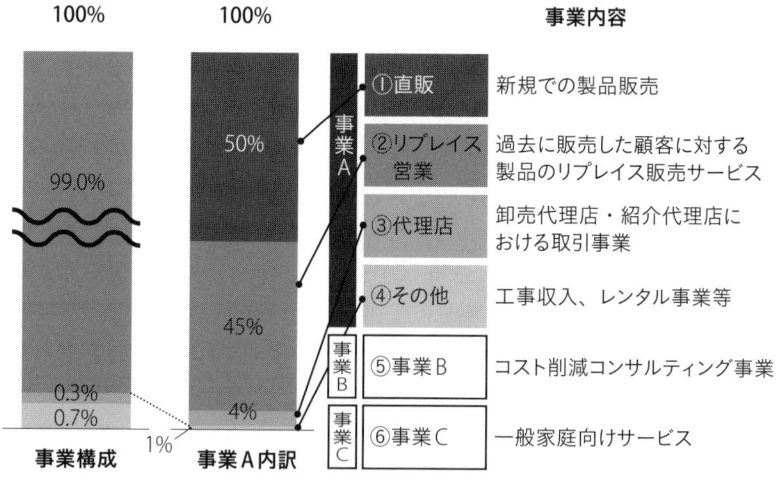

注：数字や名称はイメージ
出所：A.T.カーニー

している。そのうち、売上でいうと事業Aの構成比が99％を占めているような状況であり、この会社は事業Aで大きく稼いでいそうだな、ということに1つ目星がつく（目星がつくといっているのは、売上の大きさ＝利益を稼いでいる、というわけではないため。ビジネスDDの目的に鑑みると、売上ではなくあくまでキャッシュを生み出す≒EBITDA創出力のある事業に着目する必要がある）。

このような場合、より解像度を上げて捉えたいのは事業Aの中身となる。B2B向け機械機器メーカーの場合、その販売先や経路といった分け方が重要になることが多い。大きく自社で販売しているのか代理店を通して販売しているのか、新規向け営業なのか既存向け営業なのか、といった分け方である。**図表5-2**の通り、事業Aの50％は新規の直販チャネル、45％は既存の直販チャネルで売上をあげていることが分かる。ここからK社の売上の大半が直販チャネルを通じ作り上げられていること、すなわち強力な営業部隊やプロダクトの強さなど自社に紐づいた「売れる仕組み」が会社を支えているのではないか、という仮説が1つ立ってくる。このように事業規模を売上の観点だけで整理して、見ていくだけでも企業価値を生み出す構造をより深く捉える機会／契機になったりする。

なお実際のビジネスDDの業務においては、対象会社である売り手側企業にアドバイザーがついていた場合は、IM（インフォメーション・メモランダム）と呼ばれる、売却対象となる事業もしくは子会社等に関する情報を詳細に記載した資料が提出されることが多い。このIMには企業を捉える事業構造／セグメントが整理されて記載されていることが多く、これをベースとして整理するのも良い（ただし必要に応じて事業体やセグメントの捉え方を再構成する必要もあり、そこは精査の観点からゼロから捉えていく必要がある）。

静的な視点で会社を見る（コストで捉える）

売上を見た次は、コストを見てみるのが良い。多くのビジネスDDでは、開始時に財務諸表、特に損益計算書やその内訳が提出されることが多い。このうちコストサイド（原価／販管費）の内訳を見るにあたっては、費用項目の大きさと費用項目の性質に着目するのが良い。同じくB2B向け機械機器を販売するメーカー企業K社の費用項目を見てみよう。**図表5-3**を、まず利益の

図表 5-3 ● K 社（B2B向け機械販売会社）のコスト構成比

原価・販管費の構成比

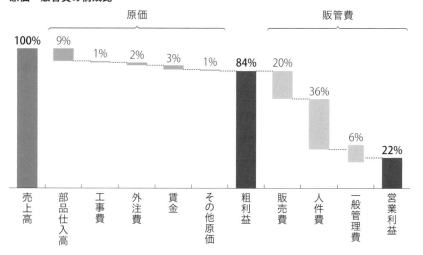

販売費の内訳	
項目	割合
旅費交通費	33%
通信費	4%
図書印刷費	1%
消耗品費	2%
接待交際費	7%
修繕費	0%
荷造運賃	2%
広告宣伝費	8%
販売促進費	7%
支払手数料	36%

人件費の内訳	
項目	割合
役員報酬	16%
給与手当	60%
雑給	2%
賞与	10%
賞与引当金繰入	1%
通勤交通費	1%
法定福利費	9%
採用研修費	1%

一般管理費の内訳	
項目	割合
福利厚生費	5%
賃借料	5%
事務用消耗品費	2%
地代家賃	48%
水道光熱費	5%
減価償却費	3%
ソフトウェア償却	2%
長期前払費用償却	0%
保険料	3%
租税公課	16%
諸会費	0%
報酬手数料	11%
利息費用	0%
雑費	0%

■：変動費と想定（営業関連費用）
注　：数字や名称はイメージ
出所：A.T.カーニー

立ち方だけで見ると、このビジネスは原価が非常に低い（売上対比10%強）、そのため粗利が非常に高く（と同時に事業Aがその過半を稼いでいると推察される）、他方で販管費が相応に発生している（売上対比60%を占める）と分かる。

よって着目すべきは販管費の内訳だと考えられる。販管費の内訳である販売費、人件費、一般管理費の中身を見ていくと営業に関連しそうな費用に支出が多く発生しているように見える（特に人件費は全体の36%を占め、給与手当がそのうちの6割を占める）。ここから売上の面で推察した内容と合わせ、自社に紐づいた「売れる仕組み」とは強力な営業部隊によって機器を直販で売り切ることなのではないかと仮説が立つ。このようにコストはその項目の大きさだけではなく、その性質に着目していくと会社の構造を深く知る機会／契機となる。

動的な視点で会社を見る（EBITDAの増減で捉える）

足元の売上やコストで大まかな会社・事業の性質を捉えたあとは、その目線を過去から今、そして今から将来の2点間の動きで捉えなおすとよい。ま

図表5-4 ● K社（B2B向け機械販売会社）のEBITDA推移

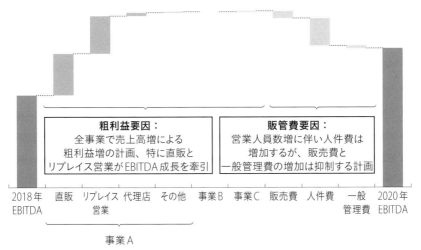

注　：名称はイメージ
出所：A.T.カーニー

ずは過去から今の2点間の動きで企業、事業を捉えていく。**図表5-4**のように過去3年間でEBITDAがどのように増減してきたのかを、事業による増減（売上／原価による増減）と販管費増減、減価償却費の増減、の3つで捉えてみる（なおこのような図表のことを「EBITDAブリッジ」と呼ぶことも多く、自社分析のベーシックな分析手法の1つである）。

　同じくB2B向け機械機器を販売するメーカー企業K社を例にとってみると、直販・リプレイスでの拡大がEBITDA成長を支えてきたことが分かる。売上とコストのスナップショットでみた事業Aにおける直販・リプレイスセグメントの重要性は利益・キャッシュ観点においても同じく重要だと分かり、この直販とリプレイスの拡大の構造が今後も続くかどうかが、この会社の企業価値成長の重要なポイントだと理解できる。

動的な視点で会社を見る（事業計画上の意志を捉える）

　今から将来の動きで事業を捉えていく。多くのビジネスDDにおいては、

図表5-5 ● K社（B2B向け機械販売会社）**の売上推移**

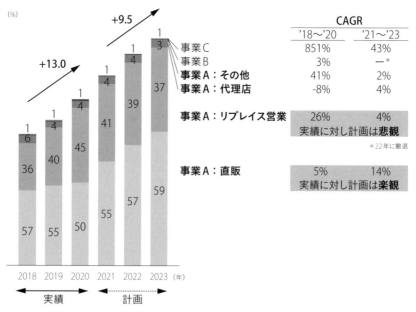

注　：数字や名称はイメージ
出所：A.T.カーニー

対象会社側から3〜5年の事業計画が提出されることが多い（多くは事業ごとの売上の成長想定やコスト費用項目の増減想定、そのまとまりとしてマネジメントケースという形で将来PLが提出される）。この事業計画には、対象会社が（ビジネスDDにおける「見せ方」ということも含めて）今後どのように会社を成長させていこうとしているのかという意志が表われていることが多い。よってこの事業計画をもとに、今後どの事業を稼ぎの柱として精査すべきかを理解していく。

同様に、B2B向け機械機器を販売するメーカー企業K社を例にとり、その売上予測を過去実績と比較してみたのが**図表5-5**となる。ここで着目すべきは過去3年で稼ぎの柱として会社を支えてきた事業Aの直販／リプレイス事業の伸び幅である。直販は過去実績より強気で将来計画を見積もる一方（過去実績3年CAGR5％vs将来予測3年CAGR14％）、リプレイスは大幅に弱気に見込んでいる（過去実績3年CAGR26％vs将来予測3年CAGR4％）のが分かる。過去3年EBITDAの増大を支えてきたリプレイス事業の売上予測を弱気に見積もっていることは、ビジネスDDにおける重要なポイントであり、なぜそのような弱気な見込みをしているのか？　といった思考を持つことが重要である。

まとめ：「儲け」のポイントを理解し、精査のポイントを捉える

以上のように、主要な「儲け」を生み出す事業／セグメントをどのように特定すればよいのか？　という問いに対して、足元の売上・コストという「静的な視点」と過去から今、今から将来といった「動的な視点」の2つの視点をもって企業全体の事業を仕分けていく流れをビジネスDDの最初期（weekゼロと呼ばれることが多い）に整理していくのがビジネスDD全体の精度をより大きく上げていくことになる。

というのも「儲け」のポイントを理解するために深掘りをすべき事業（例示として挙げているK社の場合であれば直販／リプレイス事業が該当）が特定されていくなかで、今後の自社分析における深掘りすべき精査のポイント（「DDの論点」とも呼ばれる）が明らかになっていくからだ。K社の例であれば具体的には**図表5-6**のようなポイントである。

このように事業／セグメントを仕分けていくにあたっても「対象会社の『儲け』の仕組みを理解し、その『儲け』が今後も続くのかどうかを見通す

図表5-6 ● K社の自社分析において精査すべきポイント（ビジネスDDの論点）

✔ 対象会社の事業Aの売上拡大は強い営業部隊による営業が支えていると考えられるが、その営業部隊は具体的にはどんな組織でどのような営業活動を行っているのか?

✔ 直販・リプレイスは粗利率が違うが、それぞれどのような営業プロセスで営業を行っているのか?　その差異はどのようなもので、粗利の違いにどのように寄与しているのか?

✔ 仮に営業部隊による強い営業力が売上拡大を支えている場合、今後の営業生産性の維持および営業人員の拡大が事業Aの成長を支えることになるが、その維持・成立は今後3〜5年間安定的といえるか?

✔ 今のところ低い原価に増減の兆しはないか?　原価上昇の可能性などはないか?　等

注 ：ここでの論点はイメージであり、かつ全体の一部を記述しているに過ぎない
出所：A.T.カーニー

ことで投資すべきか否か、投資するのであればいくらで買うべきかを判断する材料を提供する」といったビジネスDDの目的を意識することで、精査のポイントを必要十分に限定していき深くしていくことが重要なのである。

Section
2

戦略／財務／業務の観点から「儲け」の構造を解明する

　対象会社のPLやIMおよび事業計画上から「儲け」を生み出す事業／セグメントを把握したあとは、その次に戦略／財務／業務の観点から「儲け」の構造を解明していく。ここで重要になるのは、対象会社のビジネスモデル

とKPIに対する深い理解である。ビジネスモデルやKPIの理解がなぜ必要となってくるのか、それはまたビジネスDDの本来の目的である「対象会社の『儲け』の仕組みを理解し、その『儲け』が今後も続くのかどうかを見通すことで投資すべきか否か、投資するのであればいくらで買うべきか」に立ち戻ることとなる。

ビジネスモデルの理解とその競争優位性の評価

　投資判断は対象会社の「儲け」が今後も続きうることを前提として、投資を行う。そのためには①その「儲け」の構造の理解と、②その「儲け」の構造がどのような外的・内的変化によって変化・崩れうるのかを理解する必要がある。

　「儲け」の構造の理解とは、対象会社のビジネスモデルを深く理解することを意味し、その結果として対象会社がもつ競争優位性（競合他社や新規参入業者の事業よりも有利な状況になる性質）を戦略・業務・財務の連関した結びつきの中で

図表5-7 ● 本書におけるビジネスモデルの定義

"業態"
・**定義**：営業形態の違いを基準とした分類。即ち、ある事業を「**商品／サービスをどのように作り、どのような売り方をするのか**」で仕分けた分類
・**仕分け方**：どのように仕入れ・作るかということを知るため**商流図**を整理。加えてどのようなチャネル／工程をもって最終消費者に届くのかという**販路**の整理

"勝ちパターン"
・**定義**：同業態の中で事業が持つ固有性のある特徴。即ち、ある事業を「**競合各社と差別化された要素、その会社固有の勝ち方**」で仕分けた分類
・**仕分け方**：STPに則って顧客／店舗／商材を分けていくことで、**市場内でのポジショニングを明らか**にする。もしくは**コスト面／業務プロセス内の優位性**を明らかにする

出所：A.T.カーニー

捉えることで、簡単には崩れることのない頑強な仕組み・構造であることを示すことにある。

　ビジネスモデルとは、様々な定義および言葉遣いで表現されることが多いが、本書においては「ビジネスモデルとは、その事業が営む業態と、同業態の中でその会社／事業が持つ固有性のある特徴としての勝ちパターンの組み合わせ」という定義（**図表5-7の通り**）とし、その捉え方やその目的について具体例を交えながら記述していく。

業態の理解とその意味合い

　まず業態が重要となるのは、その事業が作り出した財（商品／サービスなど）が、最終的に誰の便益となるかが違うからである。そのためにどのように仕入れ・作るかということを知るため商流図を整理し、加えてどのようなチャネル／工程をもって最終消費者に届くのかという販路を整理すると、業態を理解しやすい。

図表5-8 ● B社（飲料メーカー）のチャネルを通した販路理解図

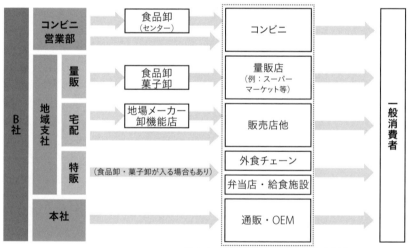

注　：名称についてはイメージ
出所：A.T.カーニー

どのチャネルも小売・販売店等を経由
→棚に並べてもらう必要あり

112

図表5-9 ● ビジネスモデルをつかむための業態類型

商流 （最終消費者との関係）	業態 （サービス／販売方式）		ビジネス例 （例示的であり、すべてでない）	勝ちパターンを 捉える見方 （トップライン分析でよく行われる例）
B2C 購買における消費者の関与度が高く比較購買されやすく、"ブランド"が利きやすい	店舗型	飲食／ サービス	・外食チェーン ・24時間型ジム	・来店者／会員数分析 ・店舗別売上利益分析 ・商品別売上利益分析
		小売	・スーパー・ドラッグストア ・家電量販店	
	非店舗型	直販 営業	・生命保険・損害保険 ・ウォーターサーバー販売	・商品別分析 ・顧客別分析 ・継続／リピート分析
		EC・ 通販	・健康食品販売事業 ・テレビショッピング事業	
B2B2C 購買における消費者の関与が高くなく、商流上のロックが働きやすい	卸売／流通		・ガソリンスタンド・商社 ・専門卸事業者	・商品別分析 ・チャネル別分析
	CPM（消費財メーカー）		・飲料事業者 ・食品製造事業者	
B2B 購買における消費者の関与は存在しない。商流上のロックは働くが、同時にスペック比較されがち	製造業	完成品 製造	・産業用機械メーカー ・音響製品メーカー	・商品別分析 ・顧客別分析 ・得意先内シェア分析
		部品 製造	・自動車部品・船舶部品製造 ・半導体・電子部品製造	
	非製造業	EPC	・総合建設 ・プラント建設事業者	・パイプライン分析 ・顧客別分析（売上／収益性）
		O&M	・空調衛生工事 ・太陽光保守メンテナンス	
		法人 サービサー	・広告・通信・コンサル ・SIer	

注　：本図表に記載の内容は一例に過ぎない
出所：A.T.カーニー

ここでイメージをわかせるために、架空の飲料メーカーB社の商流を整理してみよう（**図表5-8**）。B社は製造から流通・販売の過程まで、0℃〜10℃の冷蔵状態で管理される加工飲料商品を製造・販売するメーカーであり、その最終消費者は実際にその飲料を飲む一般消費者である。ただしその一般消費者までに届く商流を考えると、必ず小売／販売店を経由しているのがこの事業の特徴である。

　すなわち一般消費者に届くまでに小売や販売店の「棚」に入る必要があり、この棚入れの権限者が実質的なこの商材の売れ行きを大きく左右する存在といっていいビジネスである。このように対象会社の商品／サービスがどのようなチャネル・工程をもって、最終消費者に届くかを理解することで、どんなステークホルダーがいるかを理解し、誰が実態的な購買意思決定者かをつかむことがビジネスDDにおける業態理解の意味合いである。

　また業態の理解は、勝ちパターンをつかむための検証アプローチの具体化にもつながる。というのも業態によって、自社分析を見ていく観点や分析のカットは大きく異なっていることが多い。**図表5-9**のように、大きく商流とその先の業態で分けると11の類型に分けられるが、あくまで一例に過ぎない。重要なのは、商流と業態を理解することで、勝ちパターンの捉え方を具体化していくことにある。

分析とは何か？　競合とは何か？

　具体的に勝ちパターンの分析に移る前に「分析」とは何かということを定義しておきたい。分析という行為はよく「ある物事を分解して、それらを成立させている成分・要素・側面を明らかにすること」と定義されるが、本書において分析とは「意味のある軸をもって比較すること」であると定義したい。

　そのためビジネスDDにおける自社分析という行為は「対象会社をいくつかの意味のある軸をもって比較する」ということになるが、比較対象は自社内という観点もあれば（Section 1で紹介した売上・コストの経年・費目別比較などが該当する）他の会社、すなわち競合を比較対象とするという観点もある。

　では無数に会社や事業・サービスというものがある中で、競合と呼ぶべき

ものは具体的にどのようなものを指すべきなのであろうか。本書においては競合とは「同じ市場の中で同一の顧客／同一の便益を取りあうプレーヤー」であると考える（そのため市場分析の章で紹介した通り「顧客や購買意思決定者は誰で、なぜその商品・サービスを求めるのか」という根源的な需要を突き止める必要がある）。同一の顧客／便益を取りあう相手は同じ業態であることが多いが、商流上の上下のプレーヤーが同一の顧客を取りあう構造や、既存の商流上に出てきていないものの便益を取りあう可能性のある潜在的な競合も認識しておく必要がある。

さて、比較すべき対象が定まったら、次に意味のある軸というものをどう選んでいくべきであろうか。分析における意味のある軸を選ぶにあたっては、ビジネスDDにおいては3つの観点を持っておきたい。それが戦略・業務・財務の観点である。ビジネスDDではその期間・プロセスの制約から戦略の観点だけで分析・理解が止まってしまいがちだが、業務に対するミクロな視点と、それが結果指標として財務の優位性とどう連動しているかを理解するのが大事である。

図表5-10 ● 競合の種類

競合の種類	定義
直接的競合	全く同じ業態として展開をしている企業／事業／サービス（例：24時間型ジムの他社）
間接的競合	業態は異なるが顧客の中の一部の便益が重なっており、取りあう関係になる企業／事業／サービス（例：フィットネスクラブ、プログラム型の他社）
潜在的競合	現在は市場に定着していないが、同じ便益を取りあうことになる可能性がある企業／事業／サービス（例：フィットネス用ミラー／エアロバイク型オンラインフィットネス事業など）

出所：A.T.カーニー

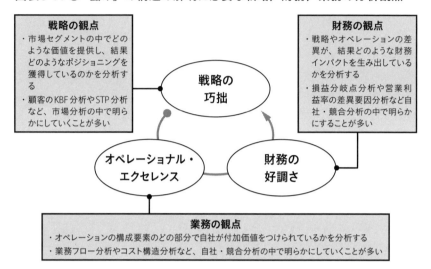

図表5-11 ●「儲け」の構造の解明に必要な戦略／財務／業務の分析観点

戦略の観点
・市場セグメントの中でどのような価値を提供し、結果どのようなポジショニングを獲得しているのかを分析する
・顧客のKBF分析やSTP分析など、市場分析の中で明らかにしていくことが多い

財務の観点
・戦略やオペレーションの差異が、結果どのような財務インパクトを生み出しているかを分析する
・損益分岐点分析や営業利益率の差異要因分析など自社・競合分析の中で明らかにすることが多い

戦略の巧拙

オペレーショナル・エクセレンス

財務の好調さ

業務の観点
・オペレーションの構成要素のどの部分で自社が付加価値をつけられているかを分析する
・業務フロー分析やコスト構造分析など、自社・競合分析の中で明らかにしていくことが多い

出所：A.T.カーニー

自社の勝ちパターンを競合との戦略、それに紐づく業務／財務指標で比較する

　ここからはB2Cの店舗型ビジネスの一例である24時間型ジムを営む架空のR社を例として自社分析の具体を説明していくこととしよう。そもそも24時間型ジムとは、無人ないし少人数のスタッフで営業されるトレーニング機器や運動スペースのみの提供に特化した24時間営業方式を取るフィットネスクラブを指す。この24時間型ジムは、いわゆる既存のフィットネスクラブに対して低価格とそのターゲット層を変え同一商圏での顧客奪取や顧客開拓もしくは今まで既存フィットネスクラブが出せなかった商圏に進出し成長してきた業態（ちなみに、このような業態の発展の仕方や業態全体に通底するゲームルールを把握・整理するのが市場分析の主たる目的の1つでもある）といえる。

　そのような24時間型ジムという業態の中の1社として、R社は順調に出店数を増やしており、故に成長軌道に乗っている会社だと外形的に見えるが、

その成長を支えるR社の固有の勝ちパターンとはどのようなものか、競合との比較を通じた自社分析によって明らかにしていきたい。

ではここからはR社の勝ちパターンを意味のある軸を設定し分析カット／目線をもって明らかにしていこう。この24時間型ジムという業態では、マシン導入や店舗改装費などのイニシャルコストおよび営業中に継続発生する地価や人件費などのランニングコストの両面を、集めた会員から徴収する会員費で4〜5年かけて回収し損益分岐点を超えていく業態である。

まずは戦略の目線から、自社と競合を比較してみよう。R社は、会員費の価格帯としては6,000円程度の会員費を取り、店舗当たりの平均坪数は100坪程度のプレーヤーである。これと同じ軸で競合他社（24時間型ジム）をプロットしてみる。ここで競合の出店地域に関する調査結果を掛け合わせてみると、どこに主に出店するのかという区分けでプレーヤーの類型は大きく3群に分かれることが分かった。出店する地域によって取るべき価格や店舗の広さが変わっており、それぞれ戦略として別のセグメンテーションや顧客ターゲッティングを行っていそうだということが改めて自社分析からも見えてき

図表5-12 ● フィットネスクラブの形態類型

		総合型	24時間型	ブティック型
サービス	マシン	✔	✔	
	スタジオ	✔		✔ （独自プログラム）
	プール	✔		
	風呂	✔	（シャワー中心）	（シャワー中心）
顧客属性		中年・シニア層の男女	若年層の男性中心	プログラム次第 （若年層の女性向け、中高年女性向け等）
価格		8,500〜 10,000円／月	5,000〜 8,000円／月	6,000円〜 個別設定次第 （ライザップは15万円程度）
店舗面積		500〜1,000坪	80〜150坪 （地方店舗は大きくなる傾向）	40〜100坪
事業者例		・コナミスポーツクラブ ・ゴールドジム ・ティップネス	・エニタイムフィットネス ・FASTGYM24 ・JOYFIT24	・カーブス ・ライザップ ・b-monster

出所：各社一般公開情報をもとにA.T.カーニー作成

た。

　このような出店の対象地域という観点でR社を見てみると、地方や郊外の
ロードサイドへの出店を行う戦略をとるプレーヤーだと分かる。ではその戦
略がどのような具体の業務・オペレーションで支えられているかをつぶさに
見ていこう。実際、競合A社・B社に比べるとR社は低い価格を設定してお
り、それはコスト回収という意味でより多くの会員数を集めるか回収期間を
延ばすか、もしくはかかるイニシャル／ランニングコストを減らすかをしな
い限りはA社・B社並みの営業利益もしくは回収期間が達成できないことを
意味する。そこでイニシャルコストとランニングコストを競合大手他社A社、
B社と比較してみると、イニシャル・ランニングともに競合他社より2／3
程度に抑えられていることが分かり、それは特に地代家賃とマシンコストの
低廉化によって成し遂げていると分かる。

　このような業務上の工夫の結果、財務面での反映の仕方がどのようなもの
かを理解する。まず**図表5-15**より少ない会員費、少ない会員数で5年での
損益分岐点の突破に成功しているのが、このR社の固有の勝ちパターンにつ

図表5-13 ● 主なフィットネスクラブのポジショニングマップ

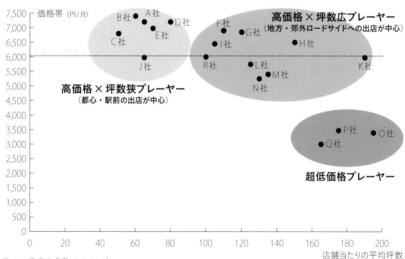

注　：数字や名称はイメージ
出所：A.T.カーニー

図表5-14 ● イニシャルコストの他社比較

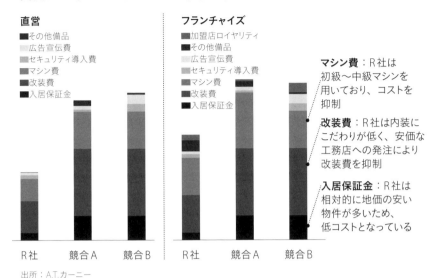

直営
- ■ その他備品
- ■ 広告宣伝費
- ■ セキュリティ導入費
- ■ マシン費
- ■ 改装費
- ■ 入居保証金

フランチャイズ
- ■ 加盟店ロイヤリティ
- ■ その他備品
- ■ 広告宣伝費
- ■ セキュリティ導入費
- ■ マシン費
- ■ 改装費
- ■ 入居保証金

マシン費：R社は
初級〜中級マシンを
用いており、コストを
抑制

改装費：R社は内装に
こだわりが低く、安価な
工務店への発注により
改装費を抑制

入居保証金：R社は
相対的に地価の安い
物件が多いため、
低コストとなっている

R社　競合A　競合B　　R社　競合A　競合B

出所：A.T.カーニー

図表5-15 ● 直営店の損益分岐会員数の分析イメージ

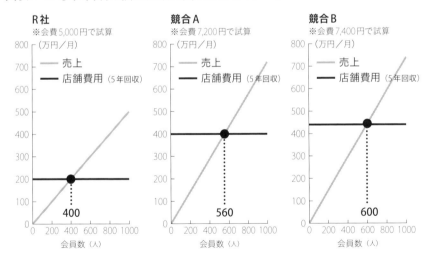

R社
※会費5,000円で試算
(万円／月)
　—— 売上
　—— 店舗費用（5年回収）
400

競合A
※会費7,200円で試算
(万円／月)
　—— 売上
　—— 店舗費用（5年回収）
560

競合B
※会費7,400円で試算
(万円／月)
　—— 売上
　—— 店舗費用（5年回収）
600

会員数（人）

注　：数字や名称はイメージ
出所：A.T.カーニー

図表5-16 ● R社マネジメントへのヒアリング内容イメージ

R社マネジメント

- "中規模・低規模都市圏での商圏発掘ノウハウや店舗の開店・伸長ノウハウを蓄積するように努めている"

- "競合他社に比して地代家賃やマシン導入費用、および人件費などを抑えている"

- "中規模・低規模商圏は、他社が目を向けないため独占的に進出できる"

出所：A.T.カーニー

ながっていそうだと分かる。なぜならば、より少ない会費、会員数で損益分岐点を突破できるということは、他社が出しえない低規模商圏で事業が成立する可能性があることを意味し、24時間型ジムという業態の成長戦略上の肝である今まで既存フィットネスクラブが出せなかった商圏に進出し成長してきたパターンを繰り返すといった整合的な戦略を取ることができるからだ。

またビジネスDDでは、経営層への内部ヒアリング（経営層へのインタビューということで多くは「マネジメントインタビュー」と呼ばれる過程である）からR社は中規模・低規模都市圏での商圏発掘ノウハウや店舗の開店・会員獲得ノウハウを固有の自社オペレーションとして保有していることも分かった。ここからR社の勝ちパターンとは「競合他社に比して地代家賃やマシン導入費用、および人件費などを抑えることで他社が目を向けない中小規模商圏に対して独占的な進出をすることで成長をしていく」ということだと分かってくる。

まとめ：自社の「儲け」の構造＝競争優位性を戦略・業務・財務の連関で捉える

　自社／競合他社のビジネスモデル（業態＋勝ちパターン）の理解が進んだところで最後に整理をしておきたいのが、ビジネスモデルが上手くいっているサイクル／構造を捉えるということである。多くのビジネスDDで直面する問いとして「この対象会社の儲けの仕組みは買収後も続くのだろうか？」という儲けが続くことに対する蓋然性への問い、すなわち根源的な競争優位性に対する評価がある。そのような競争優位性の評価に対する答えとして多くは戦略面での巧拙だけを答えてしまいがちだが、実のところ重要となってくるのは、「戦略を支える業務上のオペレーショナル・エクセレンスと、その結果指標として跳ね返る財務面での好調さ、そして財務面の好調さの結果によってさらに進む戦略」という連関性を紐解いていくことにあり、これこそが競争優位性として評価すべきものである。

　具体的にいえば、例として挙げているR社であれば「戦略：競合他社が手

図表5-17 ● R社の「儲け」を支える戦略・業務・財務の連関性

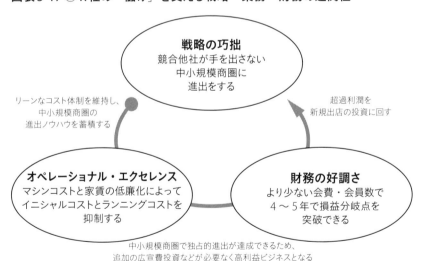

出所：A.T.カーニー

を出さない中小規模商圏に進出をする⇒業務：中小規模商圏の進出の鍵である低会費・低会員数での損益分岐突破のため、リーンなコスト体制を維持し、中小規模商圏の進出ノウハウを蓄積する⇒財務：中小規模商圏では独占的な進出が達成できるため追加の広宣費投資などが必要なく高利益ビジネスとなる⇒戦略：業務・財務上のメソッドから更なる中小規模商圏に進出する余力が生まれ、さらに注力が可能になる」といったような連関性である。

　このような連関性こそがビジネスDDにおいて紐解くべき「儲け」の構造であり、この構造こそが対象会社が生み出す「儲け」が蓋然性高く続くと考える判断材料といえる。またこの構造をきちんと明らかにすることで、投資後のPMIで追いかけていくべき指標＝KPIの把握にもつながっていくのである。

Section
3
「儲け」の構造の変化可能性を評価
する（KPI理解とパラメータ分析・作成）

　ビジネスDDにおける1つのアウトプットの形として、市場分析や自社／競合分析によって分析・発見事項を、計数計画として作成・反映することであり、ビジネスDDのアウトプットとしてモデルにすることにある。ビジネスDD上で作るモデルの内容は、PL（主に売上高からEBITDAまでまたは営業利益まで）とそのバックデータであることが多く、特にバックデータの中で重要となってくるのが事業の業績管理指標であるKPI（パラメータとも呼ばれる）である。

　KPIが重要となってくるのは、先に見出した戦略・業務・財務の連関性の構造が上手く回っているのか、という指標となるからである。逆にいえば、そのような連関性を示すものだけをKPIとしてきちんと整理分解し過去から現在、将来にわたってどのような値を設定するのかがビジネスDDのモデル化の重要なポイントである。というのも、見出した連関性の構造を左右す

るパラメータがどのような外的・内的変化によって変化・崩れうるのかを理解することで、対象会社の企業価値そのものがどうなるのか、すなわち本当にこの会社は買うべきか否かということを定量的に把握し、見通しを立てることができるようになるからだ。

精査すべきKPIを見出す

ここではSection 1で紹介した架空のB2B向け機械機器メーカー K社を再び例にとって、具体的なKPIや追うべきパラメータとはどのようなものなのかを見てみることにする。初期のPL分析（売上・コスト分析）での見立ての通り、自社分析を進めていった結果K社の成長を支えていたのは内製化された強い営業部隊であり、その営業部隊を基軸とした戦略・業務・財務の連関性のあるビジネスモデルだと判明したとする。

そのためこの事業の儲けの構造が続く蓋然性を見通すには、K社の営業部隊が今後も同じような営業生産性を維持し続けるのか、また売上拡大のため

図表5-18 ● K社の「儲け」を支える戦略・業務・財務の連関性

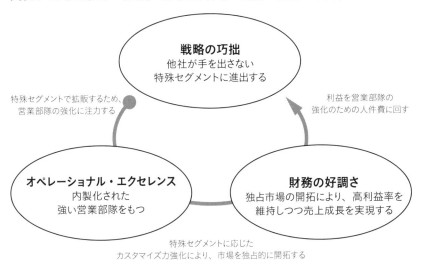

出所：A.T.カーニー

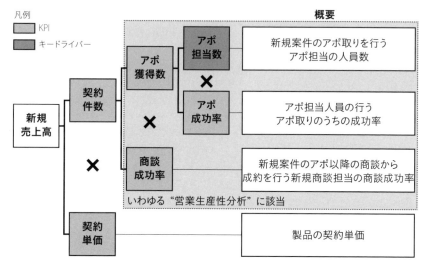

図表 5-19 ● K社 （B2B向け機械販売会社） **の新規売上高の構造**

凡例
KPI
キードライバー

概要

新規売上高

契約件数

契約単価

アポ獲得数

商談成功率

アポ担当数

アポ成功率

新規案件のアポ取りを行う
アポ担当の人員数

アポ担当人員の行う
アポ取りのうちの成功率

新規案件のアポ以降の商談から
成約を行う新規商談担当の商談成功率

いわゆる "営業生産性分析" に該当

製品の契約単価

出所：A.T.カーニー

に更なる営業人員を確保できるのか、という点になってくる。そのため重要となる指標は、1人当たりの営業生産性と営業人員数の2点といえるだろう。この2つの指標をKPIとして、時間とプロセスが限られたビジネスDDにおいては深掘りして捉えていくことが重要といえる。

KPIの過去の動きを押さえる

まずは両者の過去から今の推移を見ていくことにしよう（ここでも動的な視点をもって捉える）。まず1人当たりの営業生産性については、新規／リプレイスともにここ10年維持されており（**図表5-20**）、儲けの構造である戦略・業務・財務の連関性を支えていることが分かった。他方、営業人員の確保については、一時的な停滞なども観測されており波があることが分かる（**図表5-21**）。

このような指標の動き・トレンドを過去実績から事実として捉えることが重要であり、この事実を起点に将来の見通しを立てる、これがいわゆるパラ

図表 5-20 ● K社 （B2B向け機械販売会社）の営業生産性分析

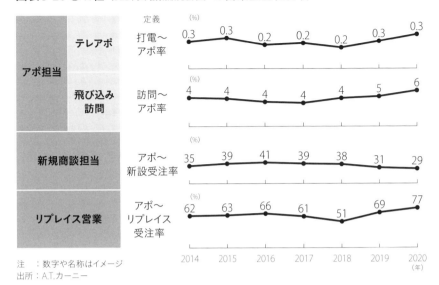

注　：数字や名称はイメージ
出所：A.T.カーニー

図表 5-21 ● K社 （B2B向け機械販売会社）の営業人員数推移

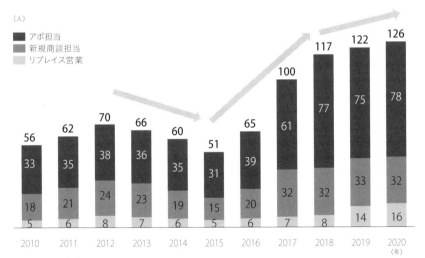

注　：数字や名称はイメージ
出所：A.T.カーニー

メータの分析・作成と呼ばれる行為であり、K社を例にとると投資期間中において1人当たりの営業生産性と営業人員数がどのように推移するのかを予測していくことが、その見立ての大きなポイントとなる。

将来の事業計画を定量的に見通すため、KPIの変動要因を押さえる

そこで重要となるのは、これらのKPIが過去にどのような構造・仕組みで動いてきたのかを把握することである。このK社は強い営業部隊を保有しており、その営業生産性は過去10年間、一定の水準を保ち続けているが、それは営業部隊採用・定着において強い淘汰の仕組みが存在しているからと分かった。

具体的には正社員定着までに成果を求める研修を行い、そこで成果を出す社員のみを登用しており、その強い営業に対しては高水準の給与を払い続けるといったものである。この営業人員の定着における強い淘汰の仕組みが続

図表 5-22 ● K社（B2B向け機械販売会社）**の営業キャリアパス**

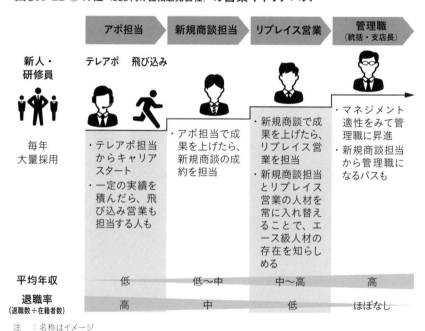

注 ：名称はイメージ
出所：A.T.カーニー

く限り、営業生産性は崩れがたいと理解できるが、他方で高すぎる人件費や、営業人員の増員数は簡単に改善しないということも構造的に発生していることが理解できる。故にこの会社の事業計画（少なくとも事業Aについて）においては、この営業人員の採用・淘汰の構造を続けるか／外的な要因によって崩れないか否かが重要なポイントだと理解できる。

なお、このようなKPIの動きとその背景構造を捉えるためには、人員数推移、営業報告書（受注／失注案件分析等）、取締役会資料、月次決算資料など、幅広く開示資料を活用しながら進めていくのが重要である。一般的にはこのような内部資料の分析をビジネスDD期間中の折り返し地点までに終えた上で、その実態をマネジメントインタビューによって壁打ちして明らかにしていくことが重要である。

KPIの変動要因を「世界観」に分けて将来を見通す

将来の事業計画を立てる際、その売上やコスト、その裏側にあるKPIの

図表5-23 ● ケース別の「世界観」の例

	定義	市場環境の見立て	自社オペレーションの見立て	
			KPI	バリューアップ施策
マネジメントケース	対象会社が作成した計画	対象会社の見立て通り	対象会社の見立て通り	―
ベースケース	BDDの結果、最も蓋然性が高いとみられる見通し	対象会社の見立てに対して**やや保守的に見ることが多い**	対象会社の見立てに対してやや保守的に見ることが多い	―
リスクケース	BDDの結果確認されたリスクをKPIに織り込んだ悲観的な見通し	対象会社の見立てに対して**悲観的に見ることが多い**（ホラーシナリオとして大幅悪化した場合を見ることもある）	悲観的な見立て。利益への影響がベースケースを下回るようKPIを設定	―
アップサイドケース	対象会社の事業において楽観的、もしくは追い風が吹くと想定した見通し	**楽観的またはベースケース並みとすることが多い**（過度に楽観視しないようにすることが多い）	楽観的な見立て。利益への影響がベースケース並みまたは上回るようKPIを設定	追加的なバリューアップ施策を織り込む

出所：A.T.カーニー

予測を確実に当てることはほぼ不可能である。他方で「いくらで買うか?」という投資判断をする上で会社の企業価値を算出するためには、またこのようなパラメータを値として設定し事業の成り行きやどの程度上振れするのか、下振れするのかを見出す必要がある。

　故に多くのビジネスDDにおいては、売上やコストの動き、その結果として表現される営業利益およびEBITDAをケース（シナリオとも呼ばれる）に分けて表現することが多い。対象会社が提出してきたケースはマネジメントケースとも呼ばれ、このマネジメントケースに対して、ビジネスDD上で見出した発見事項を反映し、いくつかのケースを作ることが一般的である。

　図表5-24の通り、再びK社を例に、そのケースの分け方を整理してみよう。今までの事業構造分析からK社においては、営業人員の定着における強い淘汰の仕組みを採用することで、高い営業生産性を維持し、その反面として営業人員の増員数には苦戦してきたという背景を理解できている。K社が保有する事業Aの売上は営業人員の数と営業生産性の掛け合わせとして新規獲得が表現でき、コストもその大宗を営業人員数で表現することができる。故にケースとして分割して描写すべきはこのKPIの見立てであるといえる。

　このKPIについて、対象会社が提出してきたマネジメントケースでは営業生産性では足元の生産性維持として見込んでいる他方で、営業人員数の定着は研修ノウハウ改善などで淘汰を生き残る人員が多くなるとして楽観的な見立てをしている（これがSection 1で明らかにした事業Aの直販における売上CAGR良化の理由でもある）。この楽観的なマネジメントケースに対して、例えば蓋然性が高いと思われるベースケース、対象会社にとって追い風が吹くアップサイドケース、対象会社にとって逆風が吹くリスクケース、という見立てをして、パラメータを分けて作成していこう。

まとめ：「儲け」の構造の変化可能性をパラメータとして反映させる

　例えばベースケースにおいては、対象会社の強い営業人員の淘汰の仕組みが続くものとして、営業生産性は足元並みを維持、営業人員数の定着は発生せず足元の人員数並みが続くとするものである。他方で、アップサイドケー

図表5-24 ● K社のケース別の「世界観」 (例示的)

	定義	前提となる市場環境の見立て	自社オペレーションの見立て	
			KPI	バリューアップ施策
ベースケース	営業人員数は人員定着率が改善せず微増。案件獲得ペースは現状並みの水準を継続。結果、営業開拓目的で支店の追加設立は必要なし	商材需要と競争環境は足元並みの状況が続く ・商材需要：商品使用に関する規制は入ることなく、足元並み ・競争環境：競合はこれ以上新規・リプレイス営業に注力せず	**売上高** ・新規：営業人員数は微増 ・リプレイス：潜在顧客、リピート率拡大 **コスト** ・人件費：微増 ・支店：開設せず	—
リスクケース	営業人員数は変わらないが営業人員の純度維持に失敗、リプレイスも人員拡大が追い付かず結果的にリピート率低下	競合がリプレイスに注力、競争環境が激化 ・商材需要：商品使用に関する規制は入ることなく、足元並み ・競争環境：競合はこれ以上新規・リプレイス営業に注力せず	**売上高** ・新規：営業人員数は微増 ・リプレイス：リピート率低下 （案件数減） **コスト** ・人件費：新規分増、リプレイス分減 ・支店：開設せず	—
アップサイドケース	新規販売が拡大。人員定着率の改善に成功し営業人員数が増大。人員数増大に応じて新支店を設置	商材需要が活発化 ・商材需要：省エネニーズ拡大により商材需要が拡大 ・競争環境：競合はこれ以上新規・リプレイス営業に注力せず	**売上高** ・リプレイス：ベースと同様 **コスト** ・人件費：新規分増、リプレイスはベースと同様	**売上高** ・新規：ベースケース想定を大きく上回る規模で営業人員数増加 **コスト** ・支店：新規支店開設コストが追加発生

スにおいては対象会社のマネジメントインタビュー内で確認できた研修ノウ
ハウの浸透により、営業生産性の良化と営業人員数の定着が拡大する。リス
クケースにおいては営業人員の淘汰の仕組みが利かなくなり生産性は緩やか
に低下、採用数が減り人員数は自然減により減少していく、などである。

　このようにマネジメントケースに対してより蓋然性の高いと思われる「ベー
スケース」、対象会社の事業に追い風が吹く、もしくは見込んだビジネス
上の改善効果を織り込む「アップサイドケース」、他方、対象会社の事業に
逆風が吹き、見込んだ売上増の停滞や縮小およびコスト悪化などを強く見込
む「リスクケース」などに分けて整理、定量的な反映をされることが多い。
ただし例で示した通り、重要となるのはただ闇雲にケースを分けることでは
なく、そのケースに紐づいた「世界観」を描写することにあり、すなわち見
出した「儲け」の構造がどのような状況において変化しうるのか、といった
ことを見出すことである。

　（「世界観」に基づいて、ベース・アップサイド・リスクの数字をどのように定量的に反映していく
かは、Chapter 6において併せて記述する）。

Section
4　「儲け」の更なる改善可能性を
評価する

　改めて立ち戻るが、ビジネスDDの目的は「限られた時間の中で、専門性
に基づき対象会社のビジネスのポイントを見極め、将来の事業計画に落とし
込む一連の活動であり、それによって将来にわたって対象会社がどの程度事
業から収益を上げるのか定量化し、買収の意思決定を支援するもの」である。
ここまで見てきた対象会社の「儲け」の構造を解明することや、その変化可
能性を見立てることは、「将来にわたって対象会社がどの程度事業から収益
を上げるのか定量化する」という行為を行ってきたといっても良い。

では最後の仕上げとして「買収の意思決定を支援する」という観点から対象企業の更なる成長性、すなわち「儲け」の更なる改善可能性を評価していく。なぜならば、買い手にとって買うべきか否かということを決定するにあたり、価格以上の効果があると考えれば、買い手にとってそのトランザクションは良き買収といえるからだ。

良き買収のために必要なバリューアップとシナジーを見出す

　ここで重要となってくるのはバリューアップとシナジー（およびその裏側にあるディスシナジー／スタンドアローンイシュー）の位置付けである。ビジネスDDでまず精査を行うべきはあくまで対象会社単独での事業計画であり、本章で紹介してきた①「儲け」を生み出す事業／セグメントの把握、②「儲け」の構造の解明、③「儲け」の変化可能性の評価、の3工程は対象会社のビジネスそのものの成長性や顕在化しうるリスクを見てきたものといえる。
　しかし、買うべきか否かというトランザクションの成立観点からは、より

図表5-25 ● ベースケースとバリューアップ／シナジーの関係性

	ベース	アップサイド		
		バリューアップ		シナジー
買収時に検討すべき「正の効果」	単独の事業計画	強みの拡張／オペレーションの改善	短期でのPL改善（トップライン向上／コスト削減）／中長期の組織改善	
買収時に検討すべき「負の効果」	ディスシナジー			
	スタンドアローンイシュー			

注　：「ディスシナジー」「スタンドアローンイシュー」については、図表5-30で詳述
出所：A.T.カーニー

重要なのはビジネスDDにおいてバリューアップの機会やシナジーを見出すこと（と同時にその裏側にあるディスシナジーやスタンドアローンイシューを捉えること）である。なぜならば良き買収といえるトランザクションは買収を通して本来の企業価値以上の価値を生み出すことになるトランザクションであり、言い換えれば、トランザクションを通じて会社が単独で存続し続けるだけでは成立しなかったバリューアップやシナジーを生み出すことができるかどうかが「良き買収」になれるかどうかの分かれ目となる。

　トランザクションを「良き買収」として成立させていくためには、ビジネスDD中において実際に実行しうるバリューアップやシナジーを考えていく必要がある一方、そのバリューアップやシナジーは投資案件それぞれにおいて個別解となることが多い。なぜならば対象会社のビジネスの儲けの構造そのものに依存し、かつ買収側の持つアセット・ケイパビリティによってシナジーを描きうる幅が変わるからだ。このSectionにおいては、そのバリューアップ施策やシナジーの個別解を例示的に取り上げていくのではなく、ビジネスDDという限られた時間・プロセスの中でバリューアップやシナジーをどのように見出していくのかという汎用的な観点を論じていきたい。

バリューアップ施策の見出し方とその反映

　バリューアップ施策を考える際の観点には大きく2つある。1つは『「儲け」の構造の解明』の中で見出した戦略・業務・財務の連関性を支える「強みの拡張」である。そしてもう1つはどのビジネスにおいても共通して考えられる「オペレーション改善」である。前者の強みの拡張は、主にプロダクト・プライスライン改善、出店拡大などを通じたトップライン向上に目を向けたものであり、後者のオペレーション改善は単位当たり生産性改善や販管費削減などのコスト削減に目を向けたものが多い。

　この2つの観点に共通して重要となるのは、Section 3で解説した「『儲け』の構造」におけるKPI・パラメータがそのままバリューアップのドライバーになるということである。トランザクションを良き買収とするために単独事業計画以上の成長を見込むことは確かに大切であるが、買いたいが故に不当な高値買収を正当化することはビジネスDDの「買うべきか否か」という本

旨を歪ませることにつながり、結果的にトランザクションが失敗となる大きな要因の1つとなる。今の単独での事業計画を念頭に置いた上で、無理のない改善可能性を見出すことが大事である。

具体的に再びB2B向け機械機器を販売するメーカー企業K社を例にとって、そのバリューアップの機会を考えてみよう。K社の「儲け」の構造の中で、最大の成長ドライバーは営業生産性を維持した上での営業人員数の拡大といえる。故に営業人員数拡大のための採用数拡大か退職率低減の施策こそがバリューアップの機会であり、その施策の具体化に着手することが重要である。このように蓋然性が高くインパクトが出るバリューアップ施策はやはりその「儲け」の構造に直結するドライバーに対するものであり、そのドライバーにフォーカスした議論が必要といえる（もちろんそれ以外の売上／コストサイドでのパラメータの改変可能性を探索・見出すべきであることは理論的には正しいが、ビジネスDDという限られた時間とプロセスの中ですべてを確定的に見通すことは難しい）。

多くの場合、バリューアップ施策は具体的なバリュエーションとしてベースケースおよびアップサイドケースの内数として算入されることになる故に

図表5-26 ● 対象会社のバリューアップドライバー

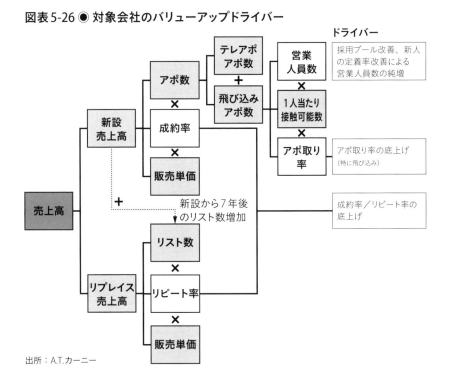

出所：A.T.カーニー

図表5-27 ● K社のバリューアップ施策

採用改善	現状	・出自別に見ると業界問わず**営業経験者の生存率が高い** ・利用している求人チャネルは総合的・一般的なもの
	改善施策	・生存可能性を高めるため**営業経験のある候補者への採用アプローチを強化** ・採用チャネルの変更（営業系転職チャネルの利用） ・リファーラル・ダイレクト採用による有望プールへのアプローチ
立ち上がり 支援	現状	・高い退職率の背景は主に**入社後の低パフォーマンス** ・支店長／統括による集中的な**新人教育制度のトライアルが実施され効果が出始めている**
	改善施策	・効果が出始めている**新人教育制度の徹底、育成対象数の拡大** ・そのため、支店長／統括の既存業務を形式知化し他人材で代替する等、**支店長／統括による育成リソースを捻出**
ノウハウの 形式知化	現状	・"飛び込み"によるアポ取りは、先輩社員によるOJT指導がなされているが、その**指導方法の不均一によりパフォーマンスに差がつく**構造
	改善施策	・**エース格社員のノウハウ**（飛び込み顧客選別のポイントやトークスクリプト）**の形式知化**

注 ：バリューアップ施策の現状、改善施策はイメージ
出所：A.T.カーニー

見出したバリューアップ施策は、定量反映をされ、どれぐらいの売上／コスト効果を生み、結果的に営業利益またはEBITDAの改善にどの程度寄与するのかを見出すことになる。ここで重要となるのは見出した施策を具体的にどうやって行うべきなのかという具体の業務フローまで描写されていることにある。K社の例でいえば、採用改善とは具体的にどのような人をどのようなチャネルをもって採用するのかということが、一定程度ビジネスDDの中でも検証されていることが重要で、その結果として定量反映がなされるといった構図である。

シナジーの見出し方とその定量反映

　他方シナジーにおいては売り手側の状況だけでなく買い手側が持ちうるア

図表5-28 ● シナジー検討にあたっての観点

		短期的なPL改善につながるシナジー		中長期での組織ケイパビリティ改善
		トップライン改善	コスト削減	
事業統合によるシナジー	調達	—	購買の一元化・共同化による仕入コスト削減	原材料・部品・商品調達の安定化・効率化
	製造	製造拠点融通による生産増・機会損失の防止	製造拠点の統廃合・共有化による稼働率増	技術・ノウハウ・資源の共有による業務効率化
	物流	物流共有化による機会損失の防止	物流共有化による物流単価の引き下げ	物流拠点の統廃合など物流ルートの最適化
	販売/マーケティング	販売網拡大での顧客増ブランド付与での単価増	販売拠点・営業人員共有化での営業費削減	クロスセリング・アップセリングでの販売機会増
	アフターサービス	メソッド移転による機会損失の防止	アフターサービスセンターの共有化でのコスト削減	—
本社機能の統合によるシナジー	人材	—	機能統合での人員削減給与水準の見直し	経営・マーケティング・人事などの高度人材機能の移転
	システム	—	重複IT支出の解消によるコスト削減	システム統合による経営効率化
	R&D	—	重複研究テーマや研究拠点の統廃合	新サービス・プロダクトの開発機会増

出所：A.T.カーニー

セットやナレッジによって出しうるシナジーに幅が出てくるため、その描き方はより創造的・有機的なものとなり、買収後に行っていく具体的な取り組みは買収一件一件ごとに違ってくることが多い。他方で「どのようなシナジーがありえそうか」ということをビジネスDD中に見出していく観点・視点自体には共通・汎化されたものがある。

まずシナジーを大別すると大きく2つ存在する。1つ目は事業（主活動）の統合効果、2つ目は本社機能（支援活動）の統合効果である。事業の統合効果とは、買収側が持つ事業もしくはアセット・ケイパビリティをもって対象企業が持つ事業のバリューチェーン上に効果をもたらしていくものであり、PL上の効果としては主に売上や原価に対して反映されることが多い。

他方で本社機能の統合とは、企業体としてどの企業にも必ず発生する間接業務（管理部門・バックオフィスが行う業務）が統合の結果、スリム化・強靭化していく効果を指す。この効果はPLにおいて分かりやすくはコーポレート人員・拠点などの効率化という形で主に販管費の削減として反映されるが、対象会社のコーポレート人員や機能の質が不足しており、かつ買収側がそれを補完できる場合においては、トップライン成長（売上・粗利改善）という形で反映されるケースも存在する。

この2つの効果のうち、その効果の発生が個別状況に依存するのは事業の統合効果である（他方、本社機能の統合はより共通・汎化されたアプローチで見出されやすい）。そのため事業の統合効果をきちんと精査し、各取り組みに落としていくこと自体はPMIの断面で行われることが多く、100日プランの策定といわれるフェーズがまさに該当する（この100日プランの具体的な取り組み・活動についてはChapter 7・8を参照）。ただし儲けのポイントを深く理解していればビジネスDD中の限られた時間・情報量の中でも、事業の統合効果を見出していくことは可能だ。

「事業の統合効果」を見出すためには、その事業におけるバリューチェーンにおいて、①活動・取り組みの改善点があるかないか、および②その補完に必要なケイパビリティ・アセットとはどのようなものか、ということを洗い出ししていくことに近い。この洗い出しにおいて重要となるのは対象会社の事業理解に加えて、買収側が持っているアセット・ケイパビリティを理解しておくことである。具体的には事業会社が買い手であれば、その事業会社の本業や事業ポートフォリオ群、ファンドが買い手であればその投資ポート

フォリオ群やその会社が保有する機能が該当する。故に多くのビジネスDDにおいては、そのビジネスDDが始まる前に買収側とシナジーについて初期的なディスカッションをしておくことが多い。そのディスカッションを通じて、買収側が持つケイパビリティ・アセットを理解する。

　ここで架空の飲料メーカーE社のシナジーを考えてみよう。この会社はすでに触れた通り製造から流通・販売の過程まで、0℃〜10℃の冷蔵状態で管理される加工飲料商品を製造・販売するメーカーであり、そのメインプロダクトの1つに「お茶」がある。この「お茶」による儲けにおいて重要になってくるのは、流通・販売網だけではなく、その製造における原材料となる水や茶葉の調達である。

　ここで買収側である事業会社が別にお茶を製造し、販売している場合、茶葉の調達といった形で具体的なシナジーが生まれる。それは買収側である事業会社のほうが安い茶葉を調達している場合において発生する調達単価の削減に加えて、両社が統合して調達量が増加することによってボリュームが増えることによるボリュームディスカウントも発生しうる。このようなコスト

図表5-29 ● シナジーの蓋然性と事業計画の反映

	蓋然性の評価	事業計画への反映
トップライン 向上のシナジー	低 （顧客／サプライヤーとの関係から効果発現 が不確定になりがち）	保守的に反映する （定量反映せず機会だけ見出す orアップサイド ケースに織り込む）
コスト削減の シナジー	高 （対象会社と買収企業との関係で完結し、 効果が見込みやすい）	積極的に反映する （定量化しアップサイドに反映 or 特に蓋然性が 高いものはベース反映）

注　：事業計画への反映のうちトップラインとコスト削減のどちらを固く反映するかは、対象会社のビジネスモデルなどによって変わることが多い
出所：A.T.カーニー

削減効果は具体的に調達単価の削減といった形で定量反映の見通しが立てやすく、EBITDA改善の効果としてビジネスDD中に反映が可能である（場合によっては蓋然性が高いベースケースにその効果を織り込むこともある）。

また調達単価以外にも流通・販売網の拡大によってトップライン成長の可能性を見出すことが可能である（具体的には購買・販売における物流費改善および販売網の拡大による販売数増大、営業コストの減少など）。ただしコスト削減の効果と違いトップラインの効果についてはその発現の蓋然性の観点から定量反映を行わず、行ったとしてもその効果の反映はアップサイドケースとして織り込むことが多い。

このようにトップライン・コスト削減それぞれでビジネスDDへの反映の仕方が違うのは、その実行難度の差にある。一般的にコスト削減のシナジーは例に挙げた通り買収側および対象会社のみの取り組みで達成できるものも多くあり、実行に移しやすい。他方でトップライン向上のシナジーは顧客やサプライヤー等の関係で自社だけではどうにもならない不確定な要素を考慮しなければならないからだ。

ディスシナジー／スタンドアローンイシューを認識する

会社や事業の統合には単独で存続する以上のさらなる企業価値の向上をもたらす正の側面がある一方で、負の側面も存在する。その負の効果を大別すると①企業が買収されることによって買収側の傘下に入る・合併することで発生するディスシナジーと②対象会社や対象事業が所属するグループ会社および保有会社から離脱することによって発生するスタンドアローンイシューの2つである。

ディスシナジーでは、シナジーと同様にまずは事業への影響が考えられる。例えば事業影響では、その事業のバリューチェーン上、つまりは購買物流・製造・出荷物流・販売マーケティング・アフターサービスなどにおいて悪影響が出ることである。よく起こることとしては、販売マーケティングにおける買収側等との顧客セグメンテーションの重複や、調達における取引先の制限（買収側のライバル企業との取引やガバナンスの観点からグレーな相手との取引ができなくなったりすること）などがある。ビジネスDDにおいてディスシナジーの議論で重要

図表5-30 ● 買収時に検討すべき「負の効果」：ディスシナジーとスタンドア ローンイシュー

	定義	起こりうること	
		事業への影響	本社機能への影響
ディス シナジー	企業が買収されるこ とによって買収側の 傘下に入るもしくは 合併することで発生 する効果	・例：販売マーケティング における買収側等との顧 客セグメンテーションの 重複 ・例：調達における取引 先の制限	・例：経営統合方針、処 遇などへの反発から生じ るキーマン離脱 ・例：経営の複雑性の増 加による本社グリップの 低下
スタンド アローン イシュー	対象会社・事業が 所属するグループ・ 保有会社から離脱す ることによって発生す る効果	・例：グループ会社が所 有している屋号・ブラン ドの喪失 ・例：グループ共同物流 の喪失	・例：グループ研究開発 ／製造拠点などのインフ ラ喪失 ・例：基幹システムの再構 築による本社機能低下

出所：A.T.カーニー

図表5-31 ● 例：R社における営業キーマン分析

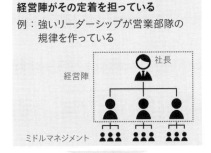

強い営業部隊の採用・定着が儲けの構造の鍵

経営陣がその定着を担っている
例：強いリーダーシップが営業部隊の 規律を作っている

ミドルクラスがその定着を担っている
例：現場たたき上げの暗黙知が 営業力向上を支える

対応策
キーマンロックによる慰留

対応策
リテンション施策と同時に形式知化の進行

出所：A.T.カーニー

となるのは対象会社が持つ儲けの構造とその鍵に対する悪影響である。E社を例にとってみると、先に例示した茶葉の調達単価が安いといったことが儲けの構造を支える鍵であった場合、その調達元が制限されることは儲けの構造を揺るがしうる重大な論点となる。

　次いでディスシナジーには本社機能への影響も存在する。統合による本社機能への悪影響においてよく例であがるのは人材のリテンションである。多くは買収側と被買収側の給与・待遇差やその経営方針の違いなどによるマネジメント層やAクラス人材の離脱が取り上げられるが、ここで重要となってくるのは明らかにした儲けの構造から誰がキーマンなのかというのをビジネスDD中に明らかにすることである（キーマン分析といった形でビジネスDDにおける重要分析になることが多い）。

　例としてB2B向け機械機器を販売するメーカー企業R社をとってみよう。先述の通り、この会社の儲けの構造は「強い営業部隊を保有しており、その営業生産性は過去10年間、一定の水準を保ち続けているが、それは営業部隊採用・定着において強い淘汰の仕組みをもっていること」と分かっている。この営業部隊の採用・定着が儲けの構造の鍵だと考えられるが、キーマン分析において焦点を当てるのはこの定着の担い手が誰なのかというポイントである。マネジメントクラスが定着に向けた機運・組織文化を形成しているのであればマネジメントクラスがキーマンとなるだろうし、実態としてマネジメントの下にいる支店長クラスが育成を行い、その定着に寄与している場合はその支店長たちがキーマンとなる。このように誰が儲けの構造を支えているかによって、その後のPMI・PMOで行っていくリテンションの施策が異なっていくため、ビジネスDDの期間でキーマンを明らかにしていくことは重要である。

　他方で、スタンドアローンイシューはグループ会社および保有会社から離脱することによって、本来その企業や事業が保有していたケイパビリティ・アセットを喪失することが問題になることが多い。よく起こること、としてはグループ会社に属していたが故に得られていた物流網や研究開発／製造拠点などの共通インフラの喪失およびグループ会社が所有している屋号・ブランドの喪失などである。E社を例にとってみると、E社があるグループ会社に属しており、そのグループ会社が保有する消費者に強く認知されているブ

ランド名をもって「お茶」を販売していたとする。このお茶の売れ行きがブランドに依存していた場合、グループ会社からの離脱をもってブランド名を使用できなくなることが予期され、その売上低下を見込む必要がある、といった具合である。

　ディスシナジーとスタンドアローンイシューの目星については、シナジーと同じようにビジネスDDの早期において検討しておくことが重要となる。なぜならば、繰り返しにはなるがビジネスDDの目的とは「限られた時間の中で、専門性に基づき対象会社のビジネスのポイントを見極め、将来の事業計画に落とし込む一連の活動であり、それによって将来にわたって対象会社がどの程度事業から収益を上げるのか定量化し、買収の意思決定を支援するもの」であり、儲けの構造を根本から破壊しうるディスシナジーやスタンドアローンイシューの発現は事業の収益性を大きく左右し、買収の意思決定を大きく変えうる要素となるからである。

まとめ：バリューアップ施策とシナジーをビジネスDD期間で見出す意義

　ビジネスDD期間中に見出したバリューアップ施策や、事業や本社機能の統合によるシナジーなどは、あくまで対象会社から開示された限定的な情報に基づくものであり、トランザクション成立後、蓋を開けてみれば上手く具現化しなかった、望んでいた効果が出なかったということは往々にしてあるのが事実である（「高値づかみ」と呼ばれる買収案件の多くは、そういった過剰なバリューアップ施策やシナジーに期待し、プレミアムを多く払いすぎた投資案件であることが多い）。

　そのためPre-Closing期間と呼ばれる最終契約締結後〜 Day 1の間において策定される統合プランの中で、シナジー創出計画の策定・シナジーメニューの整理・クイックウィン領域の特定・効果創出タイミングの見極めなどの具体的なバリューアップ施策やシナジーの構築を改めて行うことが買収後の常である。

　それでもなおビジネスDD期間に儲けの構造の解明と合わせてバリューアップ施策やシナジーを整理しておくことの意義は大きい。それはもちろん「買収後に動き出さなければいけないアクションの整理となるから」という

ことでもあるが、他方で「将来にわたって対象会社がどの程度事業から収益を上げるのか定量化し、買収の意思決定を支援するもの」のビジネスDDの本義に鑑みると、儲けの構造を明らかにした上で、改めて対象会社をどのように成長させるべきか、その成長の鍵とはどのような要素となるのか、「儲け」の更なる改善可能性の評価をすることは買収の意思決定の精度を上げる機会となるからだ。

このような「儲け」の更なる改善可能性の評価は、バリューアップ施策やシナジーを具体的に考え明らかにしていく過程の中で、見つかることも多い。故にビジネスDDの中においてもバリューアップ施策やシナジーを検討・検証することは時に会社・事業そのものの評価以上に重要であり、良きビジネスDD、そして良き市場・競合・自社分析とは常に「バリューアップ施策やシナジーの検討を通して対象会社のビジネスの本質的な成長に関する討議を行えたもの」であるべきと思う次第である。

Column
データ分析に入る前のデータ整備が一番大変？

自社分析や競合分析パートでは、定量データが多く定量分析がヘビーだと感じている人も多いだろう。しかし、実際にはデータが揃っていれば、実は分析作業自体はそこまで大変ではないことも多く、実際に苦労するのはデータの収集、分析の前作業としてのデータの読み解き・整備である。

ビジネスDDでは様々な資料依頼をするものの、初期段階ではこちらの事業への理解の不足から一般的な依頼の仕方をしてしまい欲しい資料が手に入らないことも多い。また、開示された資料を見てみると、年度によって定義が違う数字が並んでいたり、年度によって集計方法が変わっていたりして、簡単には比較できないことも多い。また、中には同じものを対象にしているにもかかわらず、複数資料間で数字が異なるということもある。

分析担当者としては、そのような数字の違いを考慮せず分析してしまうこ

とは言語道断だが、かといってどのように修正すればよいのか分からず途方に暮れる。なかなかデータの整備ができず悩んでいる間に、プロジェクトマネージャーからは、いつ分析できるのか聞かれ、慌てて泣きついたことのある担当者も少なくないと思われる。

　そのようなときの対応方法であるが、第三者である我々が外野からどれだけ考えても分からないことは分からないし、非効率であると割り切り、早めに先方のデータ担当者に直接聞く機会を設けてもらう打診をFA経由するのが良い。どうしてもそれができない場合には、最優先で答えてもらう質問としてQ&Aシートでやり取りをすることになる。

　いずれにせよ、内部の数字の定義やそのズレに関しては、第三者が外野からは分からないと割り切り、早めにマネージャーに相談するのが重要である。コンサルティングの世界にいると、自分で考えて仮説を持たないままに相談してはいけないという感覚もあるが、答えがないことを考えてもしょうがないという割り切りも必要なのである。

Chapter 6

フェーズ2：トランザクションの進め方④
オペレーションモデルの作り方

　本章では、ビジネスDDの成果物の1つであるオペレーションモデルについて、まずその内容と位置付けを説明してから、作成アプローチを一般的な手順に沿って説明する。

　最初に、オペレーションモデルの内容と位置付けを簡単に説明する。

　ビジネスDDで作成するオペレーションモデルは、パッケージに記載した分析・発見事項を、計数計画 (プロジェクション) として作成したもの (主にExcelで作成) であり、ビジネスDDの成果物としてパッケージと共に作成するものである。内容は、PL (主に売上高からEBITDAまで、または営業利益まで) とそのバックデータであることが多く、全社PLのみならず、セグメント別PL等の詳細データも含めることが一般的である。また、フィナンシャルDDやFAとの分担により、ビジネスDDの担当範囲を売上高から売上総利益までとする場合や、主要パラメータの見立てに留まる (PLはFAやファンドが作成する) 場合もある。

　オペレーションモデルの主な作成目的は、第三者の立場で客観的に対象会

図表6-1 ● 一般的なオペレーションモデル策定アプローチ

①オペレーション モデルの構造を 決める	②オペレーション モデルの枠を 作る	③パラメータの ロジックを 決める	④プロジェクション 結果の妥当性を 検証する	⑤リスクケース・ アップサイド ケースを考える
・過去業績・マネジメントケースを理解し詳細分析対象を決める ・モデルの構造・パラメータを決める	・Output・Process・Inputの過程を明確に区別してモデルの枠を作る	・パラメータの特徴を理解しつつロジックを決めて各パラメータの数値を設定する	・複数の方法で、算出ロジックやパラメータ水準が適切か確認する	・リスク・アップサイドケースの「世界観」を描写する ・「世界観」をパラメータに落とし込みケースを作る

出所：A.T.カーニー

社のPLを予測することである。作成したオペレーションモデルは、FAやファンドがバリュエーションを行う際のPLやパラメータのインプットデータとして使われる。

　オペレーションモデルは、①オペレーションモデルの構造を決める、②オペレーションモデルの枠を作る、③パラメータのロジックを決める、④プロジェクション結果の妥当性を検証する、⑤リスクケース・アップサイドケースを考える、という順に作成することが一般には多い（**図表6-1**）。これ以降、順に説明する。

オペレーションモデルの
構造を決める

　オペレーションモデルの作成において最初にやるべきことは、オペレーションモデルの構造を決めることである。本Sectionでは、オペレーションモデルの構造について説明する（**図表6-2**）。

過去実績・マネジメントケースを理解する
（対象会社の収益構造を理解する）

　オペレーションモデルを作成するにあたり、対象会社の収益構造を理解す

図表6-2 ● 一般的なオペレーションモデル策定アプローチにおける「オペレーションモデルの構造を決める」の位置付け

①オペレーション モデルの構造を 決める	②オペレーション モデルの枠を 作る	③パラメータの ロジックを 決める	④プロジェクション 結果の妥当性を 検証する	⑤リスクケース・ アップサイド ケースを考える
・過去業績・マネジメントケースを理解し詳細分析対象を決める ・モデルの構造・パラメータを決める	・Output・Process・Inputの過程を明確に区別してモデルの枠を作る	・パラメータの特徴を理解しつつロジックを決めて各パラメータの数値を設定する	・複数の方法で、算出ロジックやパラメータ水準が適切か確認する	・リスク・アップサイドケースの「世界観」を描写する ・「世界観」をパラメータに落とし込みケースを作る

出所：A.T.カーニー

ることから始めることが重要である。最初に、過去実績を理解することにより、対象会社の収益構造、収益創出力を把握する。具体的には、売上高・利益（または損失）の大きいセグメント、セグメント間で収益性が異なる場合その理由としてどの勘定科目に違いがあるか、等を把握することで、対象会社が何で利益を生み出しているのかを理解する。

　次に、マネジメントケースを理解することにより、対象会社マネジメントの将来の経営・事業戦略に対する考えを定量面から理解する。具体的には、売上高・利益（または損失）の規模や成長率が大きいセグメントや計画に織り込まれている各種施策の内容を把握することで、対象会社のマネジメントがどこに機会があると考えているか、何に挑戦していきたいと考えているか、そのためにどのような施策を行おうとしているのか、等を理解する。

　先述の過去実績・マネジメントケースの理解は、一般にはビジネスDDプロセスの一環で開示される資料を確認することにより行うが、必要に応じてDDプロセスの初期に対象会社へのインタビューやQ&Aを通じて理解を深めておくことが望ましい。マネジメントインタビューが実施できる場合は、事業のKSF、対象会社の収益性が高い／低い理由、実績の売上高・費用の大幅な増減があった場合はその理由、今後の成長に向けた見立てや課題認識等を確認し、事業理解や分析・パラメータ決定における注目すべき点の特定に役立てる。Q&Aでは、費用項目の変動費・固定費への分類、物流・商流や内部取引、財務会計・管理会計の調整等の確認を行う。

詳細分析対象範囲を決める

　ビジネスDDは数週間という期間内に実施することが多く、人数も数名で担当し、オペレーションモデルの主担当者は基本的には1名とすることが多い。一方、分析はやり出すと際限なく細分化できる。従って、時間が限られる中でリソースを有効に活用するため、詳細に分析する対象範囲を決めることが肝要である。

　詳細分析の対象範囲は、売上高や利益の規模が大きい、または大きく増加するセグメントにする場合が多い。それ以外の事業は、マネジメントケースを採用する等、簡易的な想定を置いて、作業工数の効率化を図る。

プロジェクションの作成期間・発射台を決める

　プロジェクションの作成期間と発射台（プロジェクション期間前の最終期間）は、オペレーションモデルの枠を作成する前に決定する。作成期間と発射台を後から変更するのは作業負担が大幅に増加することに加え、ミスを誘発する原因にもなりかねないためである。

　プロジェクション期間は、5年とすることが多い。主な理由は、ファンドによる投資の場合5年程度の投資期間を想定している場合が多いことや、あまりに長期の予測は困難であること等である。一方、市況が周期的に変動するためある程度の期間を見て一巡する様子を把握すべき業界（半導体等）や、20〜30年等長期のプロジェクトが多い業界（電力・造船・資源・プラント等）の場合は、プロジェクション期間をより長期（10年以上等）に設定する場合もある。

　計画の期間単位（年次・月次等）も初期に決定することが望ましい。一般的には年次ベースで作成する。必要に応じて月次ベース（または四半期ベース等）で作成する場合もあり、例えば足元の資金繰りが厳しい企業（ディストレス案件）、急成長市場であり月次で業績が大きく変動し得る企業、季節変動が大きく年単位では分析が不十分となり得る企業、等の案件では月次ベースとすることがある。ただし、年次ベースに比べて月次ベースの場合は、期間数が多い分作業量・時間が増すこと、Excelシートの使用範囲が広くなるため視認性が落ちること（同時に作業効率も下がりミスの可能性も高まる）、（常に最新実績を反映する場合は）実績への置き換え作業が毎月発生すること（ビジネスDD期間中に月をまたいで置き換えが必要となる可能性）、対象会社が分析の元となる月次データを整備しておらずデータ開示できない、または開示に時間を要すること、季節変動性の前提条件を追加的に検討する必要があること、等のデメリットもある。これは、ビジネスDDに限らず、フィナンシャルDDやバリュエーションでも同様である。このため、月次ベースである必要性がどこまであるか事前に十分検討すべきであるとともに、月次ベースで作成することになった場合も限られた期間内で対応できるよう、注力するところとある程度簡略化するところを決め関係者間で事前に認識共有・合意しておくことが望ましい。

　多くの場合で対象会社のマネジメントケースがあり、特に上場会社等であれば対象会社が通期見通しを策定・対外公表していることが多い中で、事業

計画作成時点の進行期の計画策定要否も早期に決定すべき事項である。第三者の立場で客観的に対象会社のPLを予測するというビジネスDDでのオペレーションモデル策定の目的に鑑みて、基本的には進行期の計画も策定対象とする。進行期、すなわち投資実行後最初の年度決算から計画値と実績が大きく乖離することは極力避けたいところであるため、できる限り蓋然性の高い計画値をもてるよう分析を行う。一方、進行期の後半に差し掛かってきた場合は、実績も相応に織り込まれていることや残りの期間の対象会社による見通しもより確度が高まっていると考えられるため、内容を確認の上で会社見通しを進行期の数値として採用することも選択肢である。会社見通しを採用することのメリットは、特に上場会社が会社見通しを公表している場合において、会社見通しとオペレーションモデルの進行期が同じ数値であれば、ファンドの投資委員会や事業会社で投資判断する役員や会議体にとって分かりやすい点である。ただし、数値は会社見通しを採用するとしても、その内訳は説明できるよう準備しておく必要がある。すなわち、会社見通しの策定要否は、進行期の見立ての起点をオペレーションモデルと会社見通しのどちらに置くかの違いであり、進行期の計画策定の手間を省くといったことではないと認識する必要がある。

　実務上は、事業特性や投資検討主体である事業会社・ファンドでのニーズも踏まえて決定する。例えば、ファンドの場合、想定投資期間に加えて、Exit時のバリュエーションを意識してそれ以降の数年を含めた事業計画を必要とする場合もある。

オペレーションモデルの作成単位・算出ロジックを決める

　事業計画策定においては、PLをいくつかの作成単位（セグメント）に分解し、さらに各作成単位をいくつかのパラメータに分解して算出する。

　PLの作成単位への分解にはいくつかの切り口がある。**図表6-3**に、PL作成単位の例を示す。PL作成単位の切り口と粒度は、主に事業上の特性や重要性で判断し決定する。有意な違いが生じ得る切り口、すなわち、「何を個別に見るべきか・何はまとめて見られるか」といった観点で考えると、例えば、ビジネスモデルの異なる事業を複数手掛ける場合は事業別、製品・サー

図表6-3 ● PL作成単位の例

PL作成単位例	適用例
事業別	収益モデルの異なる複数事業を手掛ける企業等
製品・サービス別	収益性の異なる複数の製品・サービスを手掛ける企業等
大口顧客・その他顧客別	特定の顧客に対する売上高が大きな比率を占める企業等
既存・新規顧客別	顧客の流出入が頻度高く起こる事業を行う企業等
対面業界別・用途別	顧客の所属する業界や用途により収益性が異なる事業を行う企業等
地域別	各地域で生産・販売等一連の事業活動が完結しており収益性が異なる企業等

出所：A.T.カーニー

図表6-4 ● 売上高の算出ロジックの例

算出ロジック例	適用例
製品単価×販売数量	製品単価がある程度固定されている事業等 例：自動車生産事業
顧客単価×顧客数	多数の顧客が存在し各顧客の購入する製品・サービスが様々な事業等 例：通販事業
店舗当たり売上高×店舗数	多数の店舗を展開しており店舗別に収益を管理している事業等 例：外食事業
資産数×資産当たりマージン×稼働率	保有資産から収益を生み出す事業等 例：リース・レンタル事業
市場規模×自社マーケットシェア	成熟市場で安定的なシェアを維持している事業等 例：通信事業

出所：A.T.カーニー

ビスにより原価率が大きく異なる場合は製品・サービス別、地域により収益性が異なる場合は地域別等の分解が候補となる。なお、結果として、対象会社の財務情報開示や管理会計上のセグメントと同じ切り口を採用することも少なくない。また、一度ある切り口で分解した後にさらに別の切り口で分解することもあり、例えば地域別に分解した上で、規模が大きく重要な地域についてはさらに顧客別に分解することがある。

各PL作成単位の売上高・費用の算出ロジック（すなわちパラメータへの分解方法）にも、いくつかの方法がある。**図表6-4**に、売上高の算出ロジックの例を示す。

算出ロジックの切り口と粒度も、PLの作成単位と同様、主に事業上の特性や重要性で判断し決定する。具体的には、ビジネスモデルやM&A成立後のモニタリング活用等の観点で判断することが多い。ビジネスモデルを踏まえて業界で重視されるKPIは何かといった観点で考えると、例えば、市場が急拡大している業界では新規顧客獲得数、安定的な市場では市場シェア等がパラメータの候補となり得る。M&A成立後のモニタリングにも活用すべく経営者視点で注目すべきKPIは何かといった観点では、例えば、新規出店数、顧客1人当たり単価等がパラメータの候補となる。

オペレーションモデルの構造について買い手の目線で見れば、投資実行後にEBITDAを最大化するためにどのような取り組みを行うべきかを明らかにしてくれるオペレーションモデルが良いといえる。従って、算出ロジックを決める際には、自助努力や戦略上の意思決定で変えられ投資後のアクションにつながるパラメータをオペレーションモデルに織り込めるか検討してみることも重要である。投資後のアクションにつながるパラメータをもつオペレーションモデルがあれば、投資主体となるファンドや事業会社は、パラメータを色々と変えてみて、どの施策をどの程度実現できればどの程度のEBITDAが達成できそうか、というように、将来取るべきアクションとその想定定量効果を合わせて投資の是非を判断できる。

前章で登場したB2B向け機器メーカーK社を例に、算出ロジックの選択について具体的に説明する（**図表6-5**）。K社の売上高を推計するにあたり、供給側の視点では、契約単価×契約件数と分解した上で、契約件数を営業人員数×営業人員1人当たり商談打診数×商談受諾率×商談成約率で求めるこ

とができる。一方、需要側の視点で、市場規模×市場シェアと分解し、市場規模を総需要数量×平均単価というパラメータに分解することもできる。K社の場合は、前者の供給側視点でのパラメータ設定が適している。その1つの理由は、販売する製品が普及途上でK社がいかに潜在需要を掘り起こしていくか次第という市場であり、ビジネスの性質がある市場規模の中でシェアを奪っていくという類のものではないからである。もう1つの理由は、実態として営業人員数等が売上高の増減に直結していることから営業人員数等をパラメータとして設定する方が投資後のアクションにつながりやすいこと、特に営業人員数はパラメータの中でも自社の意思で変更しやすいものであること、従って経営陣も営業人員数等の供給側視点のパラメータを重視していたことである。このように、算出ロジックには複数の選択肢がある中で、事業特性やデータのアベイラビリティ等も踏まえて、より適した方法を選択する。

　なお、PL作成単位およびパラメータは、適切な粒度での分解が肝要である。細かく分解することが正しいとは限らず、定量化が困難、把握・管理が

図表6-5 ● 算出ロジックの選択例

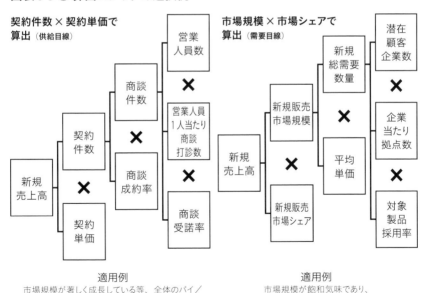

出所：A.T.カーニー

困難等の場合は、1段上位のPL作成単位やパラメータを設定する方が望ましい。これは、限られた時間の中で分析を行うというビジネスDDの性質上の理由のみならず、経営陣や買い手が多くの細かいパラメータをすべて追ってはいられないからでもある（もちろん、実務の現場レベルでは細かい粒度のデータを効率的に把握・管理できていることに越したことはない）。例えば、ある製品の販売単価を国別×顧客別に細かく設定することを当初検討したが、対象会社がその粒度の情報を一元管理しておらず事実上データ入手困難であり、個別の契約条件をいくつかピックアップして確認したところ大差ないことが確認できたという場合には、国別は売上高比率の大きい2〜3国以外はまとめる、顧客別も売上高の大半を占める上位数社は個々に見るがそれ以外はまとめる、等とすることが選択肢となる。

　売上高と費用で、PL作成単位を揃える場合もあれば、それぞれ個別に異なるよう設定する場合もある。例えば、売上高と原価は事業別、販管費は全社ベースで算出する場合等がある。

パラメータを認識する

　売上高・費用をPL作成単位および算出ロジックで分解した最小要素を、改めてパラメータとして認識する（**図表6-6**）。パラメータの数値を決定すれば、あとはPLの作成単位と算出ロジックに基づいて計算するのみである。なお、設定したパラメータの具体的な数値の決定については後述する。

　パラメータには、対象会社が自らの意思で変えやすいものと変えにくいものがある。例えば、売上高のパラメータとして営業人員数や契約価格を設定した場合、営業人員数は労働市場の影響はあるもののその中で採用する／しないという自社の方針次第で比較的変えやすいパラメータであり、一方で契約価格は業界慣習でほぼ固定的である場合には自社の意思では変えにくいパラメータである。他にも、メーカーの製造原価のパラメータとして製造労務費や原材料費を設定した場合、製造労務費は生産工程の見直しにより改善可能な場合には変えやすいパラメータであり、原材料費は業界慣習でほぼ固定的である場合には変えにくいパラメータであるといえる。このような特徴によって各パラメータが投資後のアクションにどう関連するかが変わってくる

図表6-6 ● パラメータ分解の例

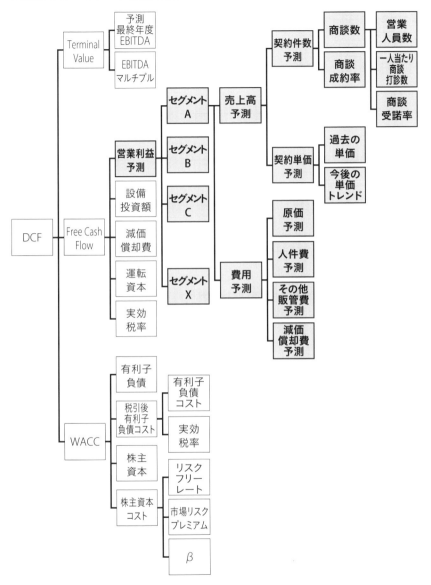

出所：A.T.カーニー

ため、パラメータが決まった時点で一度それらが変えやすいものか変えにく
いものかを整理しておくことが望ましい。

キードライバーを理解する

　パラメータの中でも特に売上高・費用の変動に直結する重要なものを、キ
ードライバーと呼ぶこととする。すべてのパラメータを等しく扱うのではな
く、キードライバーを特に重点的に分析することが重要である。

Section 2 オペレーションモデルの枠を作る

　オペレーションモデルの構造を決定したら、Output・Process・Inputの
構造を意識してオペレーションモデルの枠を作る（**図表6-7**）。オペレーシ
ョンモデルはExcel等の表計算ソフトで作成することが多い。
　オペレーションモデル作成の際に重要なのは、プロジェクションの策定ロ
ジックを明確にすること、より噛み砕いていえば「何を、どのように処理し
て、その結果を得たか」という思考過程が分かりやすい構造にすることであ
る。将来の事業計画という現時点においては誰にも正解が分からないものに
ついて関係者の納得感を醸成するためには、数値そのものだけでなく、数値
を算出した考え方も伝える方が良い。
　具体的なやり方としては、シートを分けること等によりOutput・
Process・Inputを明確に区別した構成にすると良い。Outputには分析・計
算を踏まえて策定したプロジェクション（実績も併せて表示することが多い）、
Processにはプロジェクション策定のために行った分析・計算、Inputには
分析・計算のもととなったデータを、それぞれまとめる。Output・

156

図表6-7 ● 一般的なオペレーションモデル策定アプローチにおける「オペレーションモデルの枠を作る」の位置付け

①オペレーションモデルの構造を決める	②オペレーションモデルの枠を作る	③パラメータのロジックを決める	④プロジェクション結果の妥当性を検証する	⑤リスクケース・アップサイドケースを考える
・過去業績・マネジメントケースを理解し詳細分析対象を決める ・モデルの構造・パラメータを決める	・Output・Process・Inputの過程を明確に区別してモデルの枠を作る	・パラメータの特徴を理解しつつロジックを決めて各パラメータの数値を設定する	・複数の方法で、算出ロジックやパラメータ水準が適切か確認する	・リスク・アップサイドケースの「世界観」を描写する ・「世界観」をパラメータに落とし込みケースを作る

出所：A.T.カーニー

Process・Inputを区別することにより、何をもとにし、どのようなロジックを適用し、結果としてどのようなPLを策定したかが分かりやすくなる。

シート構成を設計する

　オペレーションモデルの枠の作成にあたり、最初にシート構成を設計する。具体的には、Excelの各シートのつながりを図示した構成図を作成する（**図表6-8**）。建造物を作る際に設計図を作るように、オペレーションモデルでも設計図を作る方が、成果物のイメージをもちやすく、作業の無駄や後戻りを防ぎ効率的に作成できる。作成を進める過程でシート構成が変更になることがあれば、シート構成図も随時修正するとよい。なお、オペレーションモデルのExcelファイルに1シート追加してそこにシート構成図を記載しておくと、オペレーションモデルとセットで確認できるため便利である。PowerPoint等で作成することも多いが、その場合はExcelにもコピーしておくとよい。また、各シートの概要を表にまとめておくとなおよい。

図表6-8 ● モデルのシート構成図の例

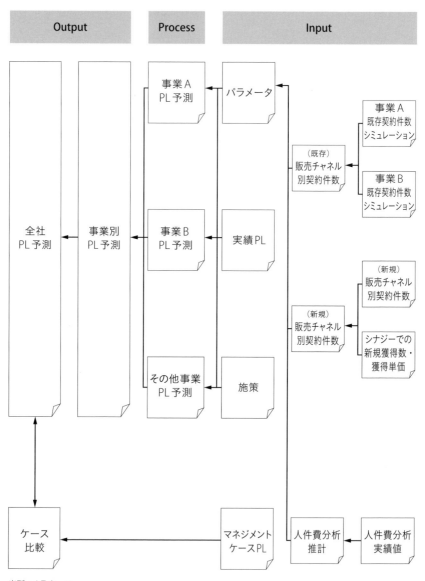

出所：A.T.カーニー

Output：計算結果を整理する

　Outputでは、主にPLサマリーを記載する（**図表6-9**）。必要に応じて、主要財務指標やパラメータ、ケース比較サマリー等をまとめる。PLサマリーでは、売上高・費用を一覧性高くまとめることに加え、利益率、成長率、セグメント別PLや各セグメントの構成比等も必要に応じて記載する。主要財務指標・パラメータでは、各数値を一覧性高くまとめる（**図表6-10**）。
　ケース比較サマリーを作成することもある。ここではPL項目や主要指標・パラメータのケース別の差異を比較しやすいようまとめる場合が多い（**図表6-11、6-12**）。

Process：売上高・費用を推計する

　Processでは、Inputデータを加工・分析してプロジェクションを作成する過程を記載する。主には売上高・費用のプロジェクションを推計するが、必要に応じて実績数値や各種財務指標等をOutputにまとめやすくするために加工すること等もある。

Input：対象会社開示資料・その他インプット情報等を一元管理する

　Inputでは、売上高・費用の推計に使用した対象会社の開示資料やリサーチにより取得した情報等をまとめる。特に、対象会社の開示資料については、基本的には加工せずに保持しておく。理由は、プロジェクションの策定ロジックを説明するためには、計画策定の出発点となる開示資料と、その後の加工・分析を明確に区別しておくべきであるためである。開示資料等に直接加工を行う場合は、加工箇所・内容が分かるように明記することが望ましい。

Processにおける分析作業イメージ

　前述の通り、Processでは主に売上高や費用のプロジェクションの推計を

図表6-9 ● PLサマリーの例

				実績	
				2019/12	2020/12
売上高			百万円	87,228	95,336
		成長率	％		9.3%
	セグメントA		百万円	72,840	78,021
	セグメントB		百万円	14,388	17,314
売上原価			百万円	5,978	6,379
		原価率	％	6.9%	6.7%
	セグメントA		百万円	5,103	5,179
	セグメントB		百万円	875	1,200
売上総利益			百万円	81,250	88,957
		売上総利益率	％	93.1%	93.3%
販管費			百万円	73,403	81,193
		販管費率	％	84.2%	85.2%
	顧客獲得費用		百万円	18,118	23,713
	運賃		百万円	24,789	27,896
	償却費		百万円	12,433	11,973
	人件費		百万円	3,850	4,432
	広告宣伝費		百万円	1,307	1,004
	支払手数料		百万円	4,834	5,951
	その他経費		百万円	8,072	6,224
営業利益			百万円	7,846	7,764
		営業利益率	％	9.0%	8.1%
EBITDA			百万円	20,279	19,737
		EBITDAマージン率	％	23.2%	20.7%
		(% YoY)	％		-3%

出所：A.T.カーニー

	見通し	予測				
2021/12	2022/12	2023/12	2024/12	2025/12	2026/12	2027/12
106,021	113,581	127,900	144,983	160,820	175,570	189,580
11.2%	7.1%	12.6%	13.4%	10.9%	9.2%	8.0%
79,858	79,103	82,522	87,318	90,977	93,633	95,654
26,163	34,479	45,379	57,664	69,843	81,937	93,926
6,821	7,555	8,620	10,257	11,810	13,286	14,730
6.4%	6.7%	6.7%	7.1%	7.3%	7.6%	7.8%
4,637	4,366	4,268	4,569	4,796	4,958	5,100
2,184	3,189	4,352	5,688	7,014	8,328	9,630
99,200	106,026	119,280	134,725	149,010	162,284	174,850
93.6%	93.3%	93.3%	92.9%	92.7%	92.4%	92.2%
84,849	91,115	99,247	103,439	107,386	110,686	112,859
80.0%	80.2%	77.6%	71.3%	66.8%	63.0%	59.5%
22,595	25,729	30,649	31,534	32,478	33,159	33,866
28,870	29,999	32,427	35,005	37,269	39,147	39,926
13,724	15,320	15,617	15,920	16,290	16,612	16,939
5,001	5,240	5,551	5,806	6,013	6,262	6,461
1,234	1,246	1,258	1,270	1,282	1,294	1,306
6,789	6,856	6,923	6,989	7,056	7,122	7,189
6,636	6,725	6,823	6,914	6,999	7,089	7,173
14,351	14,911	20,033	31,286	41,624	51,598	61,991
13.5%	13.1%	15.7%	21.6%	25.9%	29.4%	32.7%
28,075	30,231	35,650	47,207	57,913	68,210	78,929
26.5%	26.6%	27.9%	32.6%	36.0%	38.9%	41.6%
42%	8%	18%	32%	23%	18%	16%

行う。単価×数量や市場規模×シェア等により算出する場合は、Inputにある元データを参照して単価・数量等のデータを表にまとめ、それらを掛け合わせて売上高や費用を算出する過程が分かりやすいようにまとめることになるだろう。製品別・地域別・顧客別の販売数量・販売単価・製造原価単価等の詳細バックデータが入手可能な場合には、Excelのピボットテーブル機能やSUMIF関数等を使ってボトムアップで集計する場合もあろう。

　ここでも重要となるのは、他の人が見て理解しやすい構造にすることである。作業においては、Excelの各シート内で表を計算過程の順番または計算結果から個々のパラメータにさかのぼる順番に並べそれが分かるよう表記する、図表のタイトルを記載する、項目名や単位を記載する、作業メモを記載する、といった基本的なことで手を抜かないことが重要である。

オペレーションモデル作成におけるその他実務上のポイント

　オペレーションモデル作成においては、Output・Process・Inputの区別

図表6-10 ● 主要財務指標・パラメータの一覧表の例 （単位：件）

		実績		
		2019/12	2020/12	2021/12
継続契約数		1,675,575	1,897,967	2,107,292
	セグメントA	1,657,025	1,718,288	1,691,114
	セグメントB	18,550	179,679	416,178
新規契約数		391,135	548,334	590,804
	セグメントA	377,670	379,260	336,549
	セグメントB	13,465	169,074	254,255
解約数			325,942	381,479
	セグメントA		317,997	363,723
	セグメントB		7,945	17,756
解約率				
	セグメントA		15.6%	17.7%
	セグメントB		4.2%	4.1%

出所：A.T.カーニー

の他にも実務上のコツが存在する。以下は、その一例である。

1. 修正履歴の一覧表を作成する。オペレーションモデル作成の過程では、様々な変更を加えながらアップデートしていくため、ファイルの管理上有効かつ重要である。オペレーションモデルのExcelにシートを用意して記載しておくとよい（**図表6-13**）。

2. セルの入力内容を区別するために、フォントやセルの塗りつぶしの色を使い分ける（**図表6-14**）。よくある例は、計算式のセルはフォントの色を黒、数値の直接入力のセルはフォントの色を青、別シートのセルを参照するセルはフォントの色を緑、とする方法である。加えて、別シートのセルに参照されているセルはセルの塗りつぶしを薄緑色、パラメータを手入力で変更することを想定している場合に数値を入力するセルはセルの塗りつぶしを薄黄色、表の中で一部例外的に異なる式等を入力しているセルはセルの塗りつぶしを薄赤色、等とする場合もある。なお、FAやファンドによって色使いのル

見通し			予測		
2022/12	2023/12	2024/12	2025/12	2026/12	2027/12
2,394,996	2,844,337	3,273,998	3,677,497	4,060,277	4,429,560
1,722,108	1,828,682	1,917,515	1,982,082	2,030,442	2,067,827
672,888	1,015,655	1,356,484	1,695,415	2,029,835	2,361,733
644,238	832,190	852,532	873,947	886,178	898,879
342,702	416,042	409,653	403,495	397,562	391,848
301,537	416,148	442,879	470,452	488,616	507,031
356,534	382,849	422,872	470,449	503,398	529,596
311,707	309,468	320,821	338,927	349,202	354,463
44,827	73,381	102,050	131,521	154,195	175,134
15.3%	14.5%	14.3%	14.6%	14.7%	14.6%
6.2%	6.7%	7.0%	7.2%	7.1%	6.9%

図表6-11 ● ケース比較サマリーの例①ケース別のPL比較（単位：百万円）

マネジメントケース

		2021	2022	2023	2024	2025	2026
		実績見込	予測	予測	予測	予測	予測
売上高		118,506	123,418	132,042	143,661	158,366	166,701
売上原価		102,839	106,395	113,890	123,588	134,848	140,436
	材料費	59,828	59,127	59,777	63,843	71,435	75,684
	労務費	15,438	15,705	16,200	16,929	17,440	17,626
	外注加工費	11,816	11,947	12,078	12,828	14,216	15,000
	製造経費	10,264	10,494	10,549	11,967	13,631	13,808
	その他売上原価	5,494	9,121	15,286	18,021	18,125	18,318
粗利益		15,667	17,023	18,152	20,073	23,518	26,265
	粗利率	13.2%	13.8%	13.7%	14.0%	14.9%	15.8%

ベースケース

		2021	2022	2023	2024	2025	2026
		実績見込	予測	予測	予測	予測	予測
売上高		118,506	125,325	127,838	139,343	152,360	159,391
売上原価		102,839	111,078	110,721	119,798	129,670	133,846
	材料費	59,828	64,449	59,777	61,698	67,729	70,486
	労務費	15,438	15,705	16,200	16,929	17,440	17,626
	外注加工費	11,816	11,947	12,078	12,397	13,479	13,969
	製造経費	10,264	10,494	10,549	10,753	12,897	13,447
	その他売上原価	5,494	8,483	12,117	18,021	18,125	18,318
粗利益		15,667	14,247	17,117	19,545	22,690	25,546
	粗利率	13.2%	11.4%	13.4%	14.0%	14.9%	16.0%

出所：A.T.カーニー

アップサイドケース

		2021	2022	2023	2024	2025	2026
		実績見込	予測	予測	予測	予測	予測
売上高		118,506	125,325	129,678	142,668	159,687	167,846
売上原価		102,839	111,078	112,108	122,928	134,675	139,002
	材料費	59,828	64,449	59,777	63,341	71,303	74,593
	労務費	15,438	15,705	16,200	16,929	17,440	17,626
	外注加工費	11,816	11,947	12,078	12,727	14,190	14,783
	製造経費	10,264	10,494	10,549	11,909	13,616	13,682
	その他売上原価	5,494	8,483	13,504	18,021	18,125	18,318
粗利益		15,667	14,247	17,570	19,740	25,012	28,844
	粗利率	13.2%	11.4%	13.5%	13.8%	15.7%	17.2%

リスクケース

		2021	2022	2023	2024	2025	2026
		実績見込	予測	予測	予測	予測	予測
売上高		118,506	128,083	127,378	135,009	142,159	149,368
売上原価		102,839	116,462	110,374	116,748	121,363	126,494
	材料費	59,828	69,770	59,777	61,044	62,797	65,430
	労務費	15,438	15,705	16,200	16,929	17,440	17,626
	外注加工費	11,816	11,947	12,078	12,266	12,497	12,967
	製造経費	10,264	10,494	10,549	10,677	10,863	12,153
	その他売上原価	5,494	8,546	11,770	15,832	17,765	18,318
粗利益		15,667	11,621	17,004	18,261	20,796	22,874
	粗利率	13.2%	9.1%	13.3%	13.5%	14.6%	15.3%

図表6-12 ● ケース比較サマリーの例②PL項目別のケース比較 （単位：百万円）

		2021 実績見込	2022 予測	2023 予測	2024 予測	2025 予測	2026 予測
売上高	マネジメントケース	118,506	123,418	132,042	143,661	158,366	166,701
	ベースケース	118,506	125,325	127,838	139,343	152,360	159,391
	アップサイドケース	118,506	125,325	129,678	142,668	159,687	167,846
	リスクケース	118,506	128,083	127,378	135,009	142,159	149,368
原価	マネジメントケース	102,839	106,395	113,890	123,588	134,848	140,436
	ベースケース	102,839	111,078	110,721	119,798	129,670	133,846
	アップサイドケース	102,839	111,078	112,108	122,928	134,675	139,002
	リスクケース	102,839	116,462	110,374	116,748	121,363	126,494
粗利	マネジメントケース	15,667	17,023	18,152	20,073	23,518	26,265
	ベースケース	15,667	14,247	17,117	19,545	22,690	25,546
	アップサイドケース	15,667	14,247	17,570	19,740	25,012	28,844
	リスクケース	15,667	11,621	17,004	18,261	20,796	22,874
粗利率	マネジメントケース	13.2%	13.8%	13.7%	14.0%	14.9%	15.8%
	ベースケース	13.2%	11.4%	13.4%	14.0%	14.9%	16.0%
	アップサイドケース	13.2%	11.4%	13.5%	13.8%	15.7%	17.2%
	リスクケース	13.2%	9.1%	13.3%	13.5%	14.6%	15.3%

出所：A.T.カーニー

図表6-13 ● 修正履歴一覧表の例

修正月日	修正時間	バージョン	対象シート	行列・セル	変更内容	修正担当者
4月1日	13:00	1	PL	88、102行目	売上高の算出式をXXXに変更	Kearney XXX
4月1日	13:00	1	パラメータ	89、103行目	XXXのデータをパラメータに追加	Kearney XXX
4月1日	17:00	1	PL	90〜93行目	単価算出ロジックをXXXに変更	Kearney XXX
4月1日	17:00	1	PL	96、110行目	パラメータXXXを数値直接入力から、パラメータシートからの参照に変更	Kearney XXX
4月1日	17:00	1	PL	98〜100行目	契約件数の算出ロジックをXXXに変更	Kearney XXX
4月2日	12:00	2	パラメータ	99行目、113行目	営業人員数を期末時点人数から期中平均人数に変更	Kearney XXX
4月2日	12:00	2	PL	179行目	パラメータXXXの参照ミスを修正	Kearney XXX
4月2日	14:00	2	パラメータ	181〜183行目	項目名の表記を変更	ファンドA XXX
4月2日	14:00	2	PL	311行目	費用を算出するための対売上高比率を記載しておく行を追加	ファンドA XXX
4月2日	16:00	2	PL	314〜321行目	販管費の内訳項目変更に伴い合計値算出式の参照範囲を変更	Kearney XXX
4月3日	10:00	2	パラメータ	48行目	パラメータXXXの算出のための参考指標を追加	Kearney XXX
4月3日	10:00	2	PL	V69〜AA69セル	パラメータ確定に伴い仮置き数値をパラメータシートからの参照に変更	Kearney XXX

出所：A.T.カーニー

図表6-14 ● フォント・セルの塗りつぶしの配色例

入力内容の種類	フォントの配色例
計算式	フォントの色を黒にする
数値の直接入力	フォントの色を青にする
別シートのセルの参照	フォントの色を緑にする

使い方によるセルの種類	セルの塗りつぶしの配色例
別シートのセルに参照されるセル	セルの塗りつぶしの色を薄緑色にする
パラメータを手入力で変更するセル	セルの塗りつぶしの色を薄黄色にする
例外的に異なる式等を入力しているセル	セルの塗りつぶしの色を薄赤色にする

出所：A.T.カーニー

ールが異なる場合があるため、毎回事前に確認の上でオペレーションモデル内に定義を記載しておくことが望ましい。

Section
3
パラメータのロジックを決める

　オペレーションモデルの枠が完成したら、入力するパラメータのロジックを決め、具体的な数値を決定する（**図表6-15**）。まずは各パラメータの特徴を理解した上で数値決定を行う。パラメータの数値決定に際しては、過去水準をベースに、対象会社の計画や外部環境の影響等を加味して決定する場合

図表6-15 ◉ 一般的なオペレーションモデル策定アプローチにおける「パラメータのロジックを決める」の位置付け

①オペレーションモデルの構造を決める	②オペレーションモデルの枠を作る	③パラメータのロジックを決める	④プロジェクション結果の妥当性を検証する	⑤リスクケース・アップサイドケースを考える
・過去業績・マネジメントケースを理解し詳細分析対象を決める ・モデルの構造・パラメータを決める	・Output・Process・Inputの過程を明確に区別してモデルの枠を作る	・パラメータの特徴を理解しつつロジックを決めて各パラメータの数値を設定する	・複数の方法で、算出ロジックやパラメータ水準が適切か確認する	・リスク・アップサイドケースの「世界観」を描写する ・「世界観」をパラメータに落とし込みケースを作る

出所：A.T.カーニー

が多い。

パラメータの特徴を理解する

　既述の通り、パラメータには対象会社の意思で変えやすいものと、対象会社の意思では変えにくいものがある。例として、再びB2B向け機器メーカーK社を例に考える。K社の売上高を契約単価×契約件数で算出し、契約件数を営業人員数×営業人員1人当たり商談打診数×商談受諾率×商談成約率で求める場合を考える（**図表6-16**）。契約単価が業界慣習によりほぼ決まっている場合、契約単価は変えにくいパラメータである。一方、契約件数を構成する4つのパラメータは、自社の取り組み次第で変えやすいパラメータであるといえる。変えやすいパラメータにも、営業人員1人当たり商談打診数等のように自社の意思で比較的自由に決められるものから、営業人員数や商談受諾率、商談成約率等のようにステークホルダーとの交渉や外部環境の影響があるため自社の意思で任意に決められるわけではないものまであり、

特に後者については現実的にあり得る水準感を見極めて設定する必要がある。変えやすいパラメータの他の例としては、新製品の販売価格、調達先変更等が可能な場合の原材料費等、変えにくいパラメータの他の例としては、対象会社の所属する業界の市場規模、供給元が限られており価格が固定的な原材料費、インフレ等による原材料費・人件費の上昇率、為替レート等が挙げられる。

　売上高・費用の構成要素であるパラメータは、売上高・費用への影響度がそれぞれ異なる。すなわち、実際にはすべてのパラメータが等しく重要というわけではなく、より重要なパラメータが存在する。この重要なパラメータは、対象会社が重視するKPIであることが多い（言い換えれば、対象会社が重視するKPIをパラメータとして設定しオペレーションモデルに織り込むことが極めて重要である）。さらに、KPIの中でも特に売上高や利益に直結するパラメータを「キードライバー」と呼ぶこととする。キードライバーは、ビジネスモデルにより大きく異なり、例えば売上高が外部要因により大きく左右される場合はマクロ指標・為替・資源価格等、自社の取り組みにより大きく左右される場合は営業人員数や販

図表6-16 ● 変えやすいパラメータと変えにくいパラメータの例

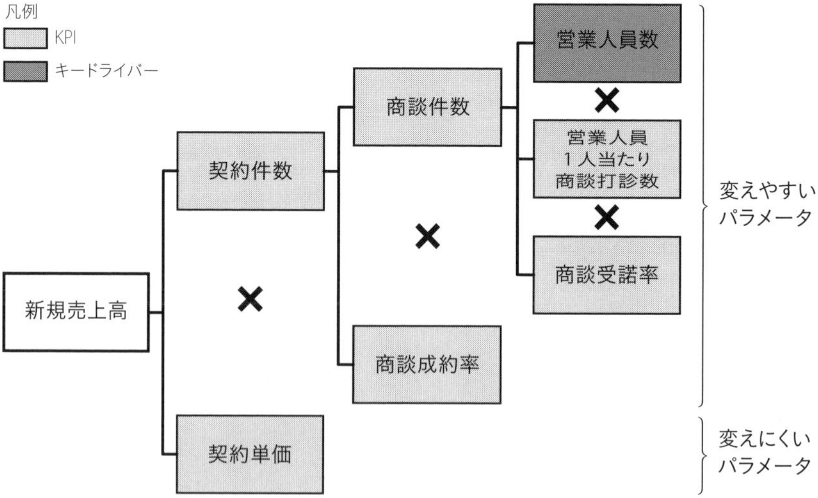

凡例
　KPI
　キードライバー

新規売上高 × 契約件数 / 契約単価
契約件数 × 商談件数 / 商談成約率
商談件数 × 営業人員数 / 営業人員1人当たり商談打診数 / 商談受諾率

変えやすいパラメータ
変えにくいパラメータ

出所：A.T.カーニー

170

売価格等、売上高がほぼ変わらない業界または事業で原価削減が肝という場合は原材料価格等がキードライバーとなり得る。

　キードライバーが変えやすいパラメータの場合は、対象会社は売上高増や費用削減のためにキードライバーを積極的に変える取り組みを行うことになるだろう。この場合、対象会社が売上高増や費用削減のために行う主要施策（新規事業やM&A等は除く）は、言い換えれば「キードライバーの数値を変える取り組み」であるともいえる。一方、キードライバーが変えにくいパラメータである場合は、数値を変えようとするのではなく数値の変化に備えることになるだろう。具体的には、当該キードライバーを常時モニタリングする、キードライバーの変動の兆しをいち早く察知して後手に回らないよう事前にアクションを取る、有事にキードライバーが大きく変動し利益に大きな悪影響を及ぼしても利益を確保する（または損失幅を最小化する）ため平時から変えやすいパラメータを変えて収益性を改善しておく、等の取り組みを行うことが肝要である。

変えやすいパラメータの数値を設定する

　変えやすいパラメータについて、対象会社の実績・計画や外部環境等に基づいて数値を設定する。変えやすいパラメータは、変動しやすいため、変動し得る幅やその確度を推定することが多い。パラメータの変動範囲は、例えばある製品の主要原材料単価の変動率を3〜5%とする等レンジで示す場合や、ある顧客向けの売上高を含めるか否かというように一部の数値を含める／含めないといった示し方をする場合もある。

　変えやすいパラメータの数値やその幅が算出できたら、パラメータが変動した場合のプロジェクションの挙動を確認する。パラメータを変動させた場合に、売上高・費用・利益が想定通りに変動するかを確認することで、パラメータの数値やオペレーションモデルへの織り込み方が適切か確認する。確認の過程で、例えばあるパラメータが変動しても利益の変動が小さいことが明らかになった場合はそのパラメータは一定値にする等、パラメータの数値設定ロジックを見直すことも選択肢である。なお、一般的なオペレーションモデル策定アプローチの次のステップである「④プロジェクション結果の妥

当性を検証する」でまとめて確認してもよいが、パラメータ設定の段階でオペレーションモデルに入力してみて挙動を確認しておく方が、パラメータの数値やオペレーションモデルへの織り込み方の検証をその場で行えるため確認しやすい。

　変えやすいパラメータの変動範囲を求めた後は、変動範囲内で1つの値に決めて入力し、これをベースケースとする。変えやすいパラメータが変動した場合については、後述のリスクケースやアップサイドケースとして表現することが多い。

変えにくいパラメータの数値を設定する

　変えにくいパラメータについて、外部環境分析等を踏まえて数値を設定する。変えにくいパラメータは対象会社の意思で決めにくいため、主に外部環境分析等に基づいて、どの程度の水準に設定するか分析や確認が必要である。

　対象会社の実績やマネジメントケースの想定値を将来の値として採用することも選択肢である。ただし、その場合も、計画の数値の妥当性について対象会社へのQ&Aや外部環境分析等による裏付けを取るべきである。例えば、「物価上昇、賃金上昇により、毎年X%の費用増加が過去数年継続しており、今後も同様の傾向が続くという見立てが業界内の共通認識とされている」、「原材料価格について、毎年の価格の取り決めの傾向から将来はY%上昇することが見込まれ、実際来年度については調達先との具体的な価格交渉を実施しているがその傾向通りの着地となる見込みである」といったことを確認しておくことが望ましい。

　変えにくいパラメータについても、変えやすいパラメータと同様、数値を決定したらオペレーションモデルに入力してプロジェクションが想定通りの挙動を示すかその場で確認することが望ましい。

Section
4

プロジェクション結果の
妥当性を検証する

　パラメータのロジックを定めて数値を決定しオペレーションモデルへの入力が終わったら、プロジェクション結果の妥当性を検証する（**図表6-17**）。

　パラメータを設定してオペレーションモデルへの入力が完了したら、ベースケースの作成が一通り完了したこととなる。この段階で、個々の算出ロジック・パラメータの積み上げとして、プロジェクションの妥当性を検証することが重要である。この際、トレンドの違和感の有無や、パラメータを変動させたときの数値の挙動に対する違和感の有無等、複数のアプローチで検証することが望ましい。

図表6-17 ● 一般的なオペレーションモデル策定アプローチにおける「プロジェクション結果の妥当性を検証する」の位置付け

①オペレーションモデルの構造を決める	②オペレーションモデルの枠を作る	③パラメータのロジックを決める	④プロジェクション結果の妥当性を検証する	⑤リスクケース・アップサイドケースを考える
・過去業績・マネジメントケースを理解し詳細分析対象を決める ・モデルの構造・パラメータを決める	・Output・Process・Inputの過程を明確に区別してモデルの枠を作る	・パラメータの特徴を理解しつつロジックを決めて各パラメータの数値を設定する	・複数の方法で、算出ロジックやパラメータ水準が適切か確認する	・リスク・アップサイドケースの「世界観」を描写する ・「世界観」をパラメータに落とし込みケースを作る

出所：A.T.カーニー

算出ロジックやパラメータの数値の水準等の検証においては、誰が見ても明らかなトレンドの違和感等に加えて、対象会社やその所属業界に対する理解に基づく「感覚」が妥当性検証の助けになることもある。例えば、成熟～衰退期にある業界において対象会社は成長する計画となっている、ある売上高・費用項目が対象会社にしては大き過ぎる等、その数値だけ見れば問題なさそうだが業界の常識等に照らしてみると違和感がある、といったことからミスに気づくケースも多い。

　算出ロジックやパラメータの数値の水準等に加えて、単純なミスがないことも確認する。オペレーションモデル策定においては、膨大な量の計算を行う過程でミスが発生してしまうことがあるため、様々な方法で確認を行う。例えば、オペレーションモデルの中に検算用の行やシートを組み込み別シートで計算していた数値の合計が一致するか確認する、参照先が正しいかランダムチェックする、等の確認を行う。

複数のアプローチで妥当性を検証する

　一通り作成したオペレーションモデルを複数のアプローチで検証する。以下に検証アプローチの例を説明する（**図表6-18**）。

　過去との比較で検証する。例えば、実績最終年とプロジェクション初年で大きな乖離がある、過去数年減少傾向が続いていたが計画期間では一転して継続的な成長傾向となっている、等があれば、不自然なパラメータ設定や計算式のミス等がある可能性がある。

　将来トレンドの違和感の有無で検証する。例えば、ある年のみ急激な増減がある、継続して収益改善施策を実施する想定にもかかわらず収益性の改善・低下傾向が途中で変わる、売上高が生産キャパシティを超える、業界全体の成長率との大幅な乖離・リアリティに欠ける程のマーケットシェア変動がある、等があれば、不自然なパラメータ設定や計算式のミス等がある可能性がある。

　マネジメントケースとの比較で検証する。例えば、ベースケースではマネジメントケースより保守的または積極的な前提条件を設定したにもかかわらずマネジメントケースと有意な差がない、ケース間の数値の乖離が大きすぎ

図表6-18 ● 検証アプローチとプロジェクションエラーの例

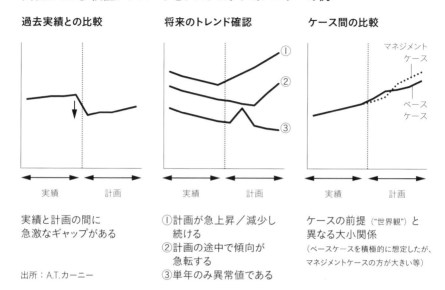

過去実績との比較

実績と計画の間に
急激なギャップがある

出所：A.T.カーニー

将来のトレンド確認

①計画が急上昇／減少し
　続ける
②計画の途中で傾向が
　急転する
③単年のみ異常値である

ケース間の比較

ケースの前提（"世界観"）と
異なる大小関係
（ベースケースを積極的に想定したが、
マネジメントケースの方が大きい等）

る、ケース間の大小関係が事前の想定と逆になっている、等があれば、不自然なパラメータ設定や計算式のミス等がある可能性がある。

パラメータを動かしたときの感度を確認する

　パラメータを変動させたときに、売上高や利益が想定通りに変動するか確認する。なお、個々のパラメータの確認については、各パラメータの数値を決定した時点で都度行うことが望ましいと説明したが、全パラメータが決定した段階で再度検証することが望ましい。特に主要なパラメータについては、再度検証を実施すべきである。

　想定通りにならない場合は、計算の過程でミスがあることや、パラメータの設定が適切でない可能性も考えられる。例えば、仮に、収益性の高い事業の構成比を増やしたところ全体の利益率が低下した、といった、想定に反する動きがある場合は、何らかのミスがある可能性がある。

オペレーションモデルを修正する

　検証の結果、プロジェクションに何らかの問題がありそうであれば、原因箇所を特定して修正する。よくあるミスとその予防策・チェック方法の例を挙げる（**図表6-19**）。膨大な量の計算の中から原因を見つけるのは容易ではないが、よくあるミスのパターンが分かっていれば見つけやすくなるはずである。また、事前によくあるミスを把握しておけば、オペレーションモデル作成中にそれらに注意を払えるようになり、ミスを予防することも期待できる。

　図表6-19の他に、複数パターンのミスに共通するチェックに役立つ方法をいくつか挙げる。

①グラフ化して視覚的に確認する
②更新作業前後の計算結果の差分をチェックする（修正時は計算結果を事前に予測しておき、それに合う結果が得られるか確認する）
③意味合いチェック（計算結果の確からしさ等）と作業チェック（式・関数や参照先の正しさ等）は分ける（両方同時に行うとどっちつかずの中途半端なチェックになりがちなのでそれを防ぐ）
④重要な数字は暗記する（ミスに気づきやすくなる）

　また、チェックの仕組みをビジネスDDプロジェクトワークに組み込むことも効果的である。以下にチェックの仕組みの例を挙げる。

①チェックのフローを予め定める
②モデル担当者と別のチェック担当者を立てる（チェック担当者の工数を予め確保することを含む）
③チェックを他の人に依頼するときは、チェックしてほしい箇所を指定する（漠然と依頼されると漠然としたチェックになりがちなのでそれを防ぐ）
④他の人の分析結果をパラメータとしてオペレーションモデルに組み込むときは、一緒にチェックする（両者が責任をもち共通の理解に基づき組み込む）

図表6-19 ● よくあるミスと予防策・チェック方法の例

ミスの類型	ミスの具体例	予防策	チェック方法
入力ミス	数値の誤入力	・入力直後や計算過程の各マイルストンに確認する ・桁数表示を統一する (%の表記と数値の持ち方等)	・個々の数値をチェックする ・オペレーションモデルに組み込んだデータの合計値・平均値・構成比率等が、元データと一致するかチェックする
	式の間違い	・1つの表・行・列では同じ形式の数式・関数を使う (数式をコピーする) ・複雑な式・関数を組まない ・符号 (＋/−) のルールを事前に決め統一する (特に費用項目) ・フラグは0／1等半角英数字を使う (環境依存文字を使用しない)	・個々の関数をチェックする ・極端なパラメータを入力してみて計算結果の挙動を確認する ・絶対参照や相対参照を使用した式を複数セルにコピーした場合は、参照先が正しく固定または移動しているか確認する ・Excelの「数式を表示」機能等を使って表・行・列の中にイレギュラーな式がないかチェックする
	参照先ミス	・入力直後や計算過程の各マイルストンに確認する (式と計算結果の両方を確認する) ・他のシートを参照して複雑な式を組まない (極力同じシート内で計算を行う) ・他ファイルを参照しない ・Excel全体を見やすい構成・フォーマッティングで作る (式・関数を組むときのミスを減らす)	・個々の関数の参照先をチェックする ・参照先と参照元の合計値・平均値・構成比率等が元データと一致するかチェックする (検算用の計算をモデルに織り込む) ・複雑な式が組まれている場合は、計算過程で分解して1ステップずつ計算する形式に変える (個々のセルの式を簡単にする)
作業漏れ	修正忘れ	・修正履歴を活用する等、対応すべき事項を網羅したか確認できるようにする ・文字の色を使い分ける (数値入力の更新漏れ防止)	・修正履歴等を活用し、1つ1つ対応済であることを確認する
	式・関数中の数値入力の更新漏れ、式・関数であるべき箇所での誤った数値入力の修正漏れ	・式・関数の中に数値は入力せず、他のセルに数値を入力して参照する ・式・関数で作られた表・行・列の中にイレギュラーな数値入力が必要な場合は、セルの色を変える等する	・Excelの「ジャンプ」機能を使って数値直接入力箇所を特定し更新済かチェックする ・Excelの「数式を表示」機能を使用して数式であるべき箇所に直接入力が混在していないかチェックし、もしあれば適宜修正する
	再計算忘れ	・チェックや提出等の作業の区切りの前で再計算を行う習慣をつける	・再計算忘れを見つけるのは困難なため、作業の区切りの前で再計算する
ロジックエラー	Inputデータの誤った使用	・ユニバースを確認する ・数値の作られ方・定義を理解する (開示資料に疑問があれば適宜Q&A等で確認する) ・原典を把握する	・予防策と同じ
	パラメータの妥当性の低さ	・他ソースとの整合チェック	・パラメータの設定ロジックを見直し精度を上げる

出所：A.T.カーニー

Section 5

リスクケース・
アップサイドケースを考える

　ベースケースの検証が終わったら、必要に応じてリスクケースやアップサイドケースを策定する（**図表6-20**）。

　ベースケースは、現時点で想定される最も確からしいと考えられるシナリオとして作成するが、将来予測は現実には不可能であるため、リスクケース・アップサイドケースも作成し、将来起こり得る幅を想定しておくことも重要である。

図表6-20 ● 一般的なオペレーションモデル策定アプローチにおける「リスクケース・アップサイドケースを考える」の位置付け

①オペレーションモデルの構造を決める	②オペレーションモデルの枠を作る	③パラメータのロジックを決める	④プロジェクション結果の妥当性を検証する	⑤リスクケース・アップサイドケースを考える
・過去業績・マネジメントケースを理解し詳細分析対象を決める ・モデルの構造・パラメータを決める	・Output・Process・Inputの過程を明確に区別してモデルの枠を作る	・パラメータの特徴を理解しつつロジックを決めて各パラメータの数値を設定する	・複数の方法で、算出ロジックやパラメータ水準が適切か確認する	・リスク・アップサイドケースの「世界観」を描写する ・「世界観」をパラメータに落とし込みケースを作る

出所：A.T.カーニー

178

リスクケース・アップサイドケースの世界観を描写する

　リスクケース・アップサイドケースを作成するにあたり、最も重要なのはその「世界観」を描写することである。ここでは、業界全体や対象会社の事業がどのような状態になり得るかをまず定性的に想定することが肝要であり、単純にパラメータを一定値ずつ上げ下げするということではない。例えば、「省エネニーズを背景に商品Xの需要が急拡大。同時に商品Xに対する規制が強化されて一部の競合他社が事業撤退した結果、競争環境が緩和」や、「世界的なサプライチェーンの混乱により一部の部材が調達できず、来期の売上高が大幅減。営業人員の増加計画も先送りを余儀なくされる」というように各ケースを定義する。なお、ベースケースについても同様に世界観を定義しておくことが望ましい。

　リスクケース・アップサイドケースの世界観を描写したら、それらをパラメータに結びつけて考える。すなわち、その世界観ではどのパラメータがベースケースと大きく異なるのかを想定する。変えにくいパラメータが異なる場合とは、外部環境等対象会社が抗うことができない動向が変動する場合であり、例として、為替レートや資源価格等のマクロ指標の大きな変化、景気の好況・不況、ブームやトレンドの始まりや終焉、政府の政策や法規制等の大きな変化等が挙げられる。変えやすいパラメータが異なる場合とは、主に自助努力や自社の戦略上の意思決定による取り組みの蓋然性が変動する場合であり、例として、既存施策が見通し以上に上手くいった場合や追加施策の織り込み、反対に施策が想定に満たない場合（営業人員数の増加が目標に達しない等）等が挙げられる。ここで特に注目すべきパラメータは、売上高・費用への影響が大きいもの、すなわちキードライバーである。

　リスクケースではベースケースに対してパラメータが売上高・利益に悪影響な場合、アップサイドケースでは同じく好影響な場合を想定すればよい。ただし、あまり現実味のない世界観になりそうであれば一部のパラメータのみを中心に動かすことでケースを作る方が望ましいこともある。例えば、アップサイドケースについて、マクロ環境が強い追い風となり、さらに自社の施策も想定範囲上限の成果を達成する、という状況があまりにも楽観的であると判断される場合は、自社施策の成果の最大化のみを織り込むこと等も選

図表6-21 ● 感度分析の例

感度分析の前提となるPL例

	単位	Year 0 実績	Year 1 計画	Year 2 計画	Year 3 計画	Year 4 計画	Year 5 計画
売上高	百万円	150,000	176,000	202,300	228,600	254,980	281,200
店舗数	店	500	550	595	635	671	703
新規店舗数	店	100	100	100	100	100	100
既存店舗数	店	400	450	495	535	571	603
既存店舗閉店率	%	10%	10%	10%	10%	10%	10%
店舗当たり売上高	百万円	300	320	340	360	380	400
売上個数	千個	300	320	340	360	380	400
単価	円	1,000	1,000	1,000	1,000	1,000	1,000
原価	百万円	90,000	105,600	121,380	137,160	152,988	168,720
売上個数 (全店舗)	千個	150,000	176,000	202,300	228,600	254,980	281,200
単価	ドル	5	5	5	5	5	5
為替	ドル・円	120	120	120	120	120	120
販売管理費	百万円	50,000	50,000	50,000	50,000	50,000	50,000
営業利益	百万円	10,000	20,400	30,920	41,440	51,992	62,480

Year 5の営業利益の感度分析例 （百万円）

		既存店舗閉店率						
	62,480	7%	8%	9%	10%	11%	12%	13%
為替	105	98,390	93,260	88,320	83,570	79,010	74,830	70,460
	110	90,580	85,720	81,040	76,540	72,220	68,260	64,120
	115	82,770	78,180	73,760	69,510	65,430	61,690	57,780
	120	74,960	70,640	66,480	62,480	58,640	55,120	51,440
	125	67,150	63,100	59,200	55,450	51,850	48,550	45,100
	130	59,340	55,560	51,920	48,420	45,060	41,980	38,760
	135	51,530	48,020	44,640	41,390	38,270	35,410	32,420

出所：A.T.カーニー

択肢である。特に、変えにくいパラメータについては将来を読みづらいため、通常はリスクケース・アップサイドケースにはその変動を織り込まず、代わりに感度分析を行うことが多い（**図表6-21**）。

　具体的な例を、B2B向け機器メーカーK社について考える。アップサイドケースとして、事業Aの直販事業が大きく成長した場合を想定する。この場合は、キードライバーである営業人員数が将来的に増員するよう設定する。一方、リスクケースとして事業Aのリプレイス事業が不調となった場合を想定する。この場合はキードライバーであるリピート率が漸減するよう設定する。

世界観に沿ったパラメータ変化を設定する

　リスクケース・アップサイドケースの世界観を描写し、その中で変動するパラメータを考えたら、変動するパラメータ（特にキードライバー）の数値を決める。すなわち、パラメータの変動し得る幅（レンジ）を考える。変えにくいパラメータについては、既述の通り通常はリスクケース・アップサイドケースには織り込まず代わりに感度分析を行うことが多いが、もしケースに織り込む場合には、世の中の一般的な予測を複数確認してその上限と下限をレンジとすることが選択肢である。これは、感度分析のレンジとしても使える。例えば、為替や原油価格等のマクロ指標であれば先物価格等を参照し、市場規模予測であれば様々な専門家や調査機関による複数の予測を参照する。変えやすいパラメータについては、過去のトレンドや、対象会社が予定する将来の施策の蓋然性評価等を踏まえてレンジを想定することが選択肢である。例えば、過去トレンドの延長をベースとして、施策が奏功した場合をアップサイド、停滞基調になるとして施策効果を保守的に見込んだ場合をダウンサイド、等としてパラメータのレンジを設定する。

　パラメータの変動幅の想定が困難な場合は、一定の変動幅（プラスマイナス10％等）を置くこともあるが、可能な限り世界観と紐づけることが肝要である。

　パラメータのレンジが設定できたら、リスクケース・アップサイドケースのそれぞれにおいて各パラメータをレンジ内のどこに設定するかを決定し、オペレーションモデルに織り込んで各ケースを策定する。

プロジェクション結果を検証する

　リスクケース・アップサイドケースを策定したら、「④プロジェクション結果の妥当性を検証する」でベースケースについて説明した内容と同様に、プロジェクション結果の妥当性を検証する。例えば、ベース・リスク・アップサイドのケース間の有意な差がない、特定のケースのみ数値が高すぎる／低すぎる、ベースケースがアップサイドケースより高い等の逆転が起こっている（ただし、成長に向けた初期投資がかさむので一時的に逆転する等合理的な説明ができる場合は除く）等があれば、不自然なパラメータ設定や計算式のミス等がある可能性がある。

　本章まで、トランザクションにおける市場分析、自社・競合分析について説明するとともに、それらの分析結果を将来の事業計画に反映させ、それを計数計画に落とし込んだオペレーションモデルの作り方について説明してきた。このようにして作られたオペレーションモデルをもとに、クライアントは対象会社の価値を見極め、買収価格や契約に反映させることとなる。

　その結果、対象会社と同意することとなれば、投資がされる。次章からは投資された後に、どのように対象会社を変革していくのかについて述べたいと思う。

Column

過去の財務数値と管理会計の数値が一致しない？

　オペレーションモデルを作っていて必ずぶつかるのが、管理会計から積み上げた数字と財務会計の数字が一致しないという問題である。売上やコストを分解して、意味のある分析をするためには管理会計の数値を用いることになるのだが、それと財務会計の数字が一致しないことが頻繁に起こる。数％であれば、そのズレに目をつむることもあるが、時には10％近くズレると

いうことも往々にしてある。担当者が目先のオペレーションモデル作りに没頭していると、そのズレを認識しないまま作業が進み、マネジメントケースとベースケースで大きな差を生む原因となることもある。

ズレの原因としては、データがマイナーな事業など一部の対象を除外したものである場合や、営業の受注データが税金も含めたものであったり、一部売上の認識の違いなどがある。また、財務会計がIFRSで作成されており、社内的に管理するデータとは違うということもある。

これも、前章のコラムで述べたデータ整備のケースと同様に、第三者が考えても解明できないことが多く、早めに対象会社に確認することが重要である。そのようなプロセスを経て原因を解明してもどうしても最後まで一致しないことも多い。そのような場合には、ズレがわずかであれば調整項目を作り、そこで調整してしまうこともある。ビジネスDDにおいては時間制約が大きいため、EBITDAに対する影響が大きくないことには極力時間をかけないことが重要なのである。ただし、その際にはマネージャーやクライアントと相談して、関係者が同一の認識を持つことが重要である。

Chapter 7

....

フェーズ3：トランスフォーメーションの進め方❶
PMIの総則とBlue print作成

　無事DDプロセスを完了し、DA（最終契約書）を締結した後は、本格的に
PMIフェーズに移行する。PMIはM&Aにより狙う成果を実現するために
は必要不可欠であり、M&Aの成否はPMIで決まるといわれるほど重要な
プロセスである。一方、PMIはDDとは異なり、定められたアプローチが
なく、M&Aの目的、買収企業・被買収企業の状態によって無数のパターン
が存在する。PMIはその範囲があまりにも広範にわたるために全体像をつ
かみづらいのに加え、実務領域では、人事・IT・財務といった各機能単位
で専門的な知識が求められるため、M&A初学者が土地勘をつかむのに適し
た粒度での資料がないのが現状である。

　本章では、PMIの全体観と実際の統合業務の開始までの流れを、①全体
マイルストンの理解、②PMIの検討領域の全体像の把握、③統合／個社構
造改革の検討テーマの棚卸、④プロジェクト組成・運営体制の構築の4つの
ステップに分けてつかんでいただくことを目指す。なお、個別の実務詳細に
ついては、その内容があまりにも多岐にわたることから、他の書籍に譲る形

図表 7-1 ● 再掲 (図表1-1)：M&Aの3つのフェーズ

	M&A戦略フェーズ	トランザクションフェーズ	**本章の取り扱い範囲** トランスフォーメーションフェーズ
狙い	自社の戦略に不足する機能を埋めるピースの探索・発見	具体的な案件の投資是非、買収金額を判断	投資時の狙いの発現
主な留意点	・現状の延長線上のmost likelyなケースだけでなく、企業価値を最大化させ得るオプションも考える ・その際に、不足する機能を埋めるピースを、ゼロベースかつ、網羅的に探索する	・極めて限られた時間内に、投資の判断が必要 ・限られた情報をもとに、買収後の成長・シナジーの絵姿を描く必要がある ・多様な関係者を同時的にマネージする必要がある	・改革テーマを明確に絞り、その実現に向けたアクションを可能な限り具体化する ・複数の改革テーマの進捗を同時に管理する ・改革にモーメンタムを生むためにもクイックウィンが必要
起こしがちなミス	・M&A戦略を考えなくても当座の不都合はなく、M&A戦略を立てない ・たまたま見えている案件のみを対象に検討を進める	・十分な準備がないままに、案件の検討をして、不要な買い物、過度に高い価格で買収する ・十分検討しきれず、魅力的な案件であっても、投資判断ができない	・明確な期限がないため、計画策定や、実際のバリューアップ活動が緩慢になる ・対象企業を管理できずに、実質的に経営を任せっぱなしになる

出所：A.T.カーニー

としたい。

Section 1 | M&Aにおける PMIの位置付け・重要性

　M&Aが一般的な経営手法となった現在において、各社がそれらを上手く使いこなし、狙った通りの効果を実現できているかというと、一概にそうとはいえないのが現状ではないだろうか。少し古いが、2013年度のデロイトトーマツ社のレポート（「M&A経験企業にみるM&A実態調査（2013）」）によれば「M&Aが成功した（目標達成度80％超）」と回答した割合は36％に留まる。また、クロスボーダーM&A案件に関しては、PwC社が実施した「M&A実行後のシナジーの実現に向けた現状調査」において、約35％の案件で「のれんの減損処理を行った、（もしくは）行う見込みがある」と回答している。

　これらM&A失敗の要因を、「①M&A戦略上買うべき会社ではなかった（PMIに成功したとしても、元からシナジーが小さい会社であった）」、「②買収価格が非適正だった（シナジーは小さくないが、プレミアムを支払いすぎた）」、「③適正な価格で買えたが、経営に失敗した」に分類した場合、前者2つはM&A戦略・DDプロセスで担保すべき事項であるが、後者はまさにPMIが要因といえるだろう。また、①・②のケースにおいても、「買ってしまった」からには経営は必要である。買収後の経営のことをPMIと称するとすると、PMIなきM&Aはないといってよいし、実際に、企業買収を通じた成長の名手として有名な日本電産の永守氏も、PMIの重要性を語っている。

　にもかかわらず、PMIへの関心はトランザクションのそれと比べて低く、知識の体系化も進んでいないように感じられる。それは、明確な期限がないこと／進め方に決まった手順がないこと／日々の経営の延長線上の活動とし

図表 7-2 ● M&A の目標達成度の実態

Q. M&Aの目標をどの程度クリアすれば
　成功と評価していますか？（N=214）

Q. 過去のM&A案件を振り返って、
　目標達成度を評価すると
　どのようになりますか？（N=190）

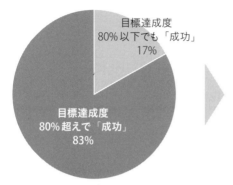

目標達成度
80%以下でも「成功」
17%

目標達成度
80%超えで「成功」
83%

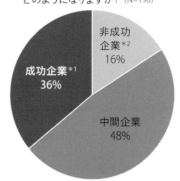

非成功
企業*2
16%

成功企業*1
36%

中間企業
48%

＊1：M&Aの目標達成度を80%超と回答した企業の割合
＊2：M&Aの目標達成度を40%以下と回答した企業の割合
出所：デロイトトーマツコンサルティング合同会社『日本企業の海外M&Aに関する意識・実態調査結果2013年』

図表 7-3 ● クロスボーダー M&A におけるシナジー実現に関する実態

直近に買収した対象会社の業績対計画比

当該案件ののれんの減損（見込みを含む）

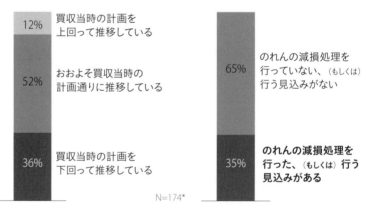

12%　買収当時の計画を
　　　上回って推移している

52%　おおよそ買収当時の
　　　計画通りに推移している

36%　買収当時の計画を
　　　下回って推移している

N=174*

65%　のれんの減損処理を
　　　行っていない、（もしくは）
　　　行う見込みがない

35%　**のれんの減損処理を
　　　行った、（もしくは）行う
　　　見込みがある**

注　：2017年9月〜11月の国内上場企業1000社以上を対象とした調査において、対象企業のうちクロスボー
　　　ダーM&Aを経験した企業の有効回答数
出所：PwCアドバイザリー合同会社『M&A実行後のシナジーの実現に向けた現状調査』（2018年11月）

て捉えられてしまうこと、にあるのではないだろうか。PMIは、明確な期限が決まっているトランザクションプロセスとは異なり、いつまでに完了しなくてはならないのかの明示的な期限がない。トランザクションプロセスは、限られた期間の中で、DDの実施、企業価値とシナジー効果の算出、価格交渉、社内承認の取得、など様々な業務が発生するため、興味・関心度は強制的に引き上げられるのに対し、最終契約締結後は、自律的にマイルストンを設定して推進していくことが求められる。加えて、PMIのプロセスは、M&Aの目的、買収企業・被買収企業の状態によって無数のパターンが存在するため、統合に際して検討が必要な汎用項目はあるものの、都度ケースに応じたカスタマイズが求められる。最後に、トランザクションは経営者も含めてイベント的な興奮をもたらすものの、PMIは地味な作業の連続であり、アドレナリンが出るような面白みは少ないというのが正直なところである。

　これらの要素から、PMIは無意識的に劣後・放任されがちであるといえるが、M&Aは手段であって目的ではない。どんなにいい企業を買収できたとしてもPMIをおろそかにすると狙う成果を得られないのは、前述の各社のレポート回答が示す通りである。経営者含め、トランザクションに関わる全員がこのことを認識した上で、PMIを前提としたDDの実施、最終契約締結後も関心を維持することを心掛けていただきたい。

Section 2 統合マイルストンとPMI検討領域の全体像

統合のマイルストン

　PMIは本来的には、トランザクション開始前から始まっており、「PMIを前提として見込んだDDプロセスを踏むべき」ともいえるが、本Sectionで

はDA締結以降のプロセスをPMIプロセス（買った後の経営プロセス）として定義したい。DA締結後は、大きく3つのステップに分けられ、それぞれ統合施策として検討すべき内容が異なる。

❶ Pre-Closing期（最終契約締結後～ Day 1 まで）

　独占禁止法などの制約を受けるケースを除き、最終契約が締結されたタイミングをもって、両当事会社が共同でPMI準備を開始できることから、統合の最終契約を対象企業と締結した後は、直ちに統合プロジェクトチームを発足させ、統合プランの策定を開始することが一般的である。よって最終契約締結日（Day 0）～実際の株式譲渡・合併・事業譲渡等の一連の取引が完了するクロージング日（Day 1）までをPMIのPhase 1と称することも多い。

　本Phaseの目的は、クロージング日（Day 1）を迎えるまでに統合プランの第1版を完成させることである。PMIにおいて統合プランという言葉は様々な対象を取り、その言葉の定義が揺らいでいることが多いが、本書では最も一般的に使われるDay 1 ～ Day 100までの約3か月間で実行していく統合計

図表7-4 ● DA締結後の3ステップ

	トランスフォーメーションフェーズ		
	❶ Pre - Closing 期	❷ 100日プラン策定期	❸ Day100 ～統合完了
期間	最終契約締結後～ Day1	Day1 ～ Day100	Day100 ～統合完了
主な活動	・被買収企業の現状把握・検討のマイルストンの定義 ・統合後の姿の定義・統合による効果目標の決定 ・目標実現に向けた統合プランの作成	（Pre-Closing期に策定した統合プランをもとに） ・被買収企業の新たな中計策定 ・各種シナジー計画の詳細化 ・Quick Winの獲得に向けた各種分科会の実行推進	・Day100で未完了のシナジー施策の完遂 ・組織インフラ（IT／人事制度など）・エンティティの統合 ・各分科会で検討した新たな取り組みが定着しているかのモニタリング体制の構築

出所：A.T.カーニー

画のことを指すこととする。

　M&AではDay 1〜Day 100までの100日間（約3か月）は非常に重要な期間である。この間は従業員がM&Aによる変化に対して敏感に反応するが、この期間を過ぎると、徐々に改革のモーメンタムは失われ、「新たな親会社が来ても何も変わらない」といったような失望の声も上がり始めるため、Day 1までにこの100日間を有意義に進めるための統合プランの策定に尽力する必要がある。

　統合プランは、事務局、分科会、ステアリングコミッティを含む統合プロジェクトチームで共有されるPMIプロセス全体の統合計画のことであり、その中には、統合作業の具体的な検討項目やその作業スケジュールなども含む。ただし、統合プランはDay 1以降も、実際の進捗状況や新たな論点の出現等によって随時修正・更新が必要であることはご認識いただきたい。

　統合プランの作成に向けて、Day 1までに完了しておきたい項目を**図表 7-5**に示す。

　なお、個々の検討論点の洗い出し方や、その優先順位付けの考え方などは、後述の項を参照いただきたい。

❷ 100日プラン策定期 （Day 1〜Day 100）

　実際の株式譲渡・合併・事業譲渡等の一連の取引が完了するクロージング日（Day 1）では、買い手企業および被買収企業のトップ双方から、全従業員に対するメッセージを発信することが重要である。この発信は、従業員の一体感やモチベーションを高める目的も持つため、いつ・どのような手段で・どういったメッセージを発信するかについて、Pre-Closing期に両当事者間で密にすり合わせ、コミュニケーションプランとして策定しておきたい。

　Day 1以降は、Pre-Closing期に策定した統合プランをもとに、被買収企業の新たな中計策定、各種シナジー計画の詳細化・Quick Winの獲得に向けた各種分科会の実行推進に移行する。このフェーズではDay 100を目途に様々な経営基盤の整備・戦略の立案を完了することを目指す。

　ここでは同時並行的に検討が進む複数の分科会の進捗管理・検討推進において、特にPMO（Project management office）が重要な役割を担うことになるが、これらPMOの詳しい立ち回り方等については次章で説明するため、ここで

図表7-5 ● Pre-Closing期に完了すべき項目

❶現状把握・検討のマイルストン定義	統合論点の洗い出し	・両組織の機能およびDDの結果に基づく統合時の論点の洗い出し ・DD時の指摘事項の整理・分析と追加の詳細情報の取得
	統合推進体制の立ち上げ	・ステアリングコミッティ、PMOの立ち上げと運営体制の規定
	ハイレベルロードマップの策定	・トランザクションプロセスと連動させたマイルストンの定義（統合プロセス・IRイベント・中計策定／対外公表など）
❷統合後の姿の定義・統合による効果目標の決定	統合の大方針の検討	・事業の括り方、組織構造（分権体制、間接機能の配置オプション）、統合後の適正人員数の算定
	経営形態の移行計画の策定	・組織移行スケジュールの策定（法的エンティティの統合に先立つ、戦略・計画／会計単位での統合遷移スケジュールの具体化） ・統合完了までの意思決定構造の明確化
	シナジー創出計画の策定	・シナジーメニューの整理、クイックウィン領域の特定、効果創出タイミングの見極め
❸目標実現に向けた統合プランの作成	コミュニケーションプランの策定	・Day1での対内外のステークホルダーに向けた統合の意義・メリットや、統合プロセスの発信内容の検討
	分科会の立ち上げ （含む、各分科会のアクション計画の策定）	・統合に伴う論点（人事・IT領域など）と、シナジー創出計画に応じた、必要分科会の整理と各分科会におけるリーダーの選出 ・リーダーによるメンバー選定、目的実現に向けた具体の検討項目への分解と、アクションスケジュールの策定

出所：A.T.カーニー

は割愛させていただく。

　なお、Day 100時点で完了させておきたいメニューは大きくは以下の通りである。

❸ Day 100 ～統合完了（期間は必要に準じて流動的）

　Day 100の時点で、当初想定していた統合業務や、シナジーの創出が完了しているケースはまれであり、実際はDay 100以降もPMI業務は継続的に実施していくことになるが、多くの場合100日プランの策定を以て統合推進の運営体制は縮小していくことが多い。

　ただし、統合直後には盛り上がりを見せ、分科会で検討・方針を定めた事項も、時間がたつにつれて熱量が低下し、日常業務に忙殺される中で忘れ去られてしまうこともある。各分科会で検討した新たな取り組み（業務フローなど）が定着しているかのモニタリングをしっかり行うことは、PMOの重要な役目となる。

　検討した方針が定着し、最終的に各種シナジー効果の刈り取り、IT／人

図表7-6 ● 100日プラン策定期に完了すべき項目

メニュー	具体的な活動項目
①MVV（ミッション・ビジョン・バリュー）の再定義	1. ミッション・ビジョン・バリューの確認・再定義 2. 社内コミュニケーションプランの策定・実行
②「見える化」＝財務会計・管理会計・PDCAサイクルの整備	1. 戦略と連動したKPIの定義・設定 2. リアルタイムでの財務数値、管理数値（KPI）の把握 3. 見える化を促進するためのITシステムの整備・導入
③ガバナンスの整備＝経営と執行の分離	1. 取締役会・評価報酬委員会等の整備 2. 経営会議等、会議体の整備 3. 権限規程等の整備
④新中期経営計画・予算策定	1. 事業計画の再確認または新規策定 2. 上記実行に向けたアクションプランの策定
⑤組織強化	1. 戦略に沿った組織変革と組織ごとの役割の規定 2. 必要な人材の補強・採用 3. 評価・報酬・インセンティブ設定
⑥シナジー創出計画で策定した、クイックウィンの（部分的な）実現	—
⑦Day100以降の残検討課題の棚卸、優先順位付け	—

出所：A.T.カーニー

事制度などの組織インフラやエンティティの統合、TSAの終了をもって
PMIは一旦の完了となるといえるだろう。

PMIで検討すべき領域の全体像

Pre-Closing期においては、PMIに伴う論点を洗い出し、統合計画を策定する必要があることは先に述べた通りである。ここでは、統合計画の策定にあたって理解しておくべき、PMIの検討領域の全体像について説明する。

PMIの検討領域は多岐にわたるが、大きくは①経営（MVVの検討〜戦略）、②戦略（経営目標、ポートフォリオ、資源配分など）、③組織（会議体・組織体系）、④制度・インフラ（経営管理、ITシステム、人事制度、ガバナンス・内部監査）、⑤業務プロセスの5レイヤーに分けられる。Pre-Closing期においては、これらそれぞれのレイヤーについて統合に伴い発生する論点を棚卸し、Day 1以降の検討体制を決定していくことが求められる。

この論点を検討する際は、統合を契機としたシナジー創出・アナジー抑制

図表7-7 ● PMIの検討論点のレイヤー

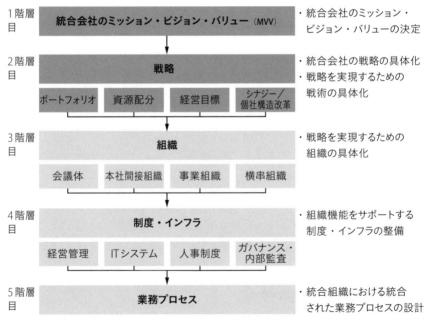

出所：A.T.カーニー

といった視点だけではなく、M&Aといった一大イベントを契機とすることによる個社の構造改革の実現といった視点の両面から検討することで、収益改善効果を最大化できる統合プランの策定につなげることを意識したい。

Section 3 | PMI検討テーマの具体化

　実際のPre-Closing期では、ITシステム／人事制度といった、経営で合意した統合方針に沿って進めていく事項に加えて、ビジネスDDの際に見込んでいたバリューアップ施策についても、その内容を精査し、統合プランに織り込んでいく必要がある。そのため、まずはビジネスDDの際に見込んでいたバリューアップ施策の効果を再度定量化するところから始めると良いだろう。また、対象会社の業務理解を通じて、買収を契機とした改革の余地を特定することも意識したい。

●テーマ検討のプロセス

　図表7-8に一般的な収益改善レバーの全体像を示す。これらの視点で、シナジー創出の余地・個社構造改革による収益改善余地がないかを再度検証する。ビジネスDDの際にも外形的に検証していることが多いが、実際にトランザクションが完了した後は、対象企業の情報もより詳細に入手可能になるため、再度網羅的に洗い出し、機会を逃さないことが重要である。

　改善レバーの特定に向けては、追加のデータ取得・分析に加え、経営陣だけではなく実務担当者へのヒアリングも実施するといいだろう。古い習慣が固着した非生産的な業務プロセスなどはこれを機に洗い出し、統合プランに分科会テーマとして盛り込んでいくことになる。また、これらのデータ分析・ヒアリングから、組織における課題仮説を棚卸した後は、経営陣とのデ

図表7-8 ● 一般的な収益改善のレバー

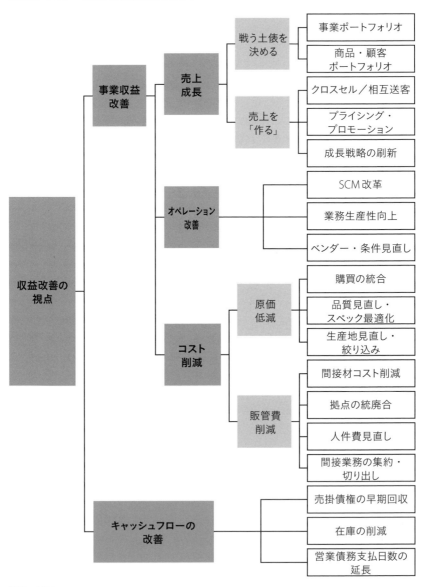

出所：A.T.カーニー

ィスカッションを通じて、統合効果として目指す姿・水準を定めるプロセスに入る。

テーマの優先順位付け

目標設定をPMIとしての検討テーマに分解したあとはDay 1以降に分科会を立ち上げて検討を進める項目か否かについて、優先順位付けを行う。課題の優先順位付けに際しては、単純な効果額ではなく、その創出時期などの視点も交えて、検討すると良いだろう。具体的には、以下の3つの視点が重要である。

視点❶クイックウィンを狙う〜早期に成果を上げてモーメンタムを作る〜

M&A後の初期は、対象会社の社員も改革を期待していることが多い。これらの期待に応えるようなクイックウィン（成功体験）を作ることで、PMIプロジェクトに協力が得やすくなり、現場担当者のモチベーション維持・向上に効果が期待できる。逆に、PMIが始まった後この期待は、時間がたつにつれて失望に変わってしまうため、ここでは効果の多寡だけではなく、その実現が早期に見込まれる案件を選ぶ必要がある。

上記特性により、一般的にはクイックウィンの対象は効果の発現が読みづらいトップラインよりも、支店・拠点の統廃合や購買契約の統合といったコストサイドの見直しが有用である。トップラインサイドでは、親会社との相互送客による新規顧客の開拓などはクイックウィン案件として検討し得るだろう。

このクイックウィンの目的は、EBITDA効果の創出よりも、むしろモーメンタムの醸成にある。そのため、経営陣をはじめとしてクイックウィンが生み出された際にはその成果を大きく取り扱うことも必要である。時には、実際に利益やキャッシュインが実現するまで待たずとも社内報や全社報告会などで取り扱うといったものも一案であろう。

さらに言うと、改革のモーメンタム醸成に必要なのは、必ずしも財務面での成功体験だけにはとどまらない。昨今のコロナ禍を経た働き方改革により、社員が期待する働き方も多様化している。思い切った人事制度改革や、IT

システムへの投資なども変革感を醸成する打ち手として検討してはどうだろうか。先だって社員に期待する制度・働き方のアンケートを取るのもよい。意見が通るようになったと感じる社員が増えれば、他の場面でもより積極的に改善案の提案が期待できる。

視点❷大きな成果を上げる

クイックウィンで早期の成功体験を作りつつ、改革の目玉となる大きな成果を上げることも同時に狙いたい。ここでいう大きな成果とは、財務面でも、心理面でもインパクトが大きい案件のことであり、ともすれば縮小均衡にも見える業務の効率化・コスト削減といったボトムラインの見直しではなく、トップラインの成長に寄与するものが望ましい。

上記の実現に向けては、PMIを通じてどのような戦略を描くのかを明らかにした上で、重点領域に対しては、他のプロジェクト等で捻出したリソースの大胆な投資や、組織体制の見直しも含めて検討を行っていく必要があるだろう。

視点❸次の成長の種を仕込む

また、PMIの成功に向けては、既存の事業領域でのシナジー創出、収益改善だけではなく、中長期的な成長の種を仕込んでいくことが重要である。具体的には、新規事業の創出・さらなるM&Aも含めた成長の絵を描く必要があるだろう。

Post-M&Aでは、既存の中期経営計画などを刷新することも多い。その際には、3年後・5年後に対象会社がどのように市場から見られる存在になっていくのか、その方向性を示す必要がある。

分科会の組成と運営体制の構築

分科会を立ち上げる

　先に述べた通り、PMIの検討領域は多岐にわたるため、PMIで検討する
テーマが決まったら、それらのテーマを分科会としてプロジェクト化してい
く必要がある。プロジェクトという言葉については、米国のProject
Management Institute（PMI）という組織がプロジェクトマネジメントに関す
る知識を体系的にまとめた『PMBOK（Project Management Body of Knowledge）』と
いう書籍の定義を引用すると、"独自のプロダクト、サービス、結果を創造
するために実施する、有期性のある業務（PMBOK第6版）"である。

　分科会化するテーマが決まったら、早期に分科会のリーダーを選出し、リ
ーダーと連携を取りながらプロジェクト設計を進めていくと良いだろう。統
合に係るテーマといった粒度（例えば、業務オペレーションの標準化・効率化）では、検
討推進の際にどのような取り組みを進めていけばよいのか、検討すべき実務
上の論点は何かといった解像度までは充足できていないことが多い。経営テ
ーマの、実検討項目への落とし込みを分科会のリーダーと共に設計すること
で、Day 1以降のスムーズな分科会立ち上げにつなげたい。

　なお、この分科会リーダーの選定は、その後の分科会運営の在り方や、最
終的な改革の成否にも大きな影響を与えるため、慎重に行いたい。例えば、
部門長クラスなど、既存の有力ポジションに在籍する人物をリーダーに指名
すると、分科会の中でも様々な意思決定がスムーズに進むことが想定される
一方で、現行の慣習を大きく壊す改革などのアイデアは生まれにくくなった
り、メンバー視点では既存有力者がそのままリーダーにつくということで変
化の機運を感じづらくなったりするリスクも考えられる。反対に、改革意識

図表7-9 ● 分科会の検討項目記入シート

○○分科会

目的・検討範囲	・営業業務の抜本的見直しを通じて、業務のXX割を削減し、真水の営業時間を捻出 ・現状取りこぼししている顧客対応に工数を充当することで新規顧客獲得を増加させる		
EBITDA目標（億円）	XX年度 XX年度	＋○○億 ＋○○億	現在回り切れていない○○件の顧客への訪問を実現することで、年間○○件の案件獲得数の増加を通じてXX年で○○億円、XX年で○○億円の売上増加を目指す
現時点での課題認識	・営業工数の実態が可視化されていない ・工数不足により対応できていない案件が発生		
チーム体制	リーダー：佐藤部長　メンバー：鈴木、山田、田中		

アクション	タスク詳細	担当者	期限
営業実態の可視化を通じたブループリントの作成	営業担当へのヒアリングを通じ、工数の内訳を可視化	鈴木	X／XX
	業務性質ごとに、削減・効率化アプローチの検討	鈴木	X／XX
	改善時の削減工数の試算	鈴木	X／XX
新業務フローの順次導入	○○部を対象に新業務フロー・ツールの導入	山田	X／XX
	パイロット結果を踏まえて修正・改善対応の実施	田中	X／XX
	全営業部に対して、新業務プロセスの全面展開	山田	X／XX
業務効率化後の営業プラン立案と順次実行	ポテンシャル顧客の特定と、定量化	佐藤	X／XX
	営業工数捻出時の訪問対象の優先順位付け、プランニング	佐藤	X／XX
	順次営業訪問を実施、効果をモニタリングしてPDCAを回す	佐藤	X／XX

出所：A.T.カーニー

の高い中堅クラスのメンバーをリーダーに選任した場合は、より踏み込んだ改革案が検討できたり、次世代の中核人材としての経験を積ませることができる一方で、重要な意思決定に関して部門長等の賛同が得られず検討が停滞したり、経験不足などにより重要論点を取り漏らしたりする懸念も存在する。

　いずれの場合も、選出するリーダーが全社にどのようなメッセージをもたらすのか、そのPros／Consは何かを事前に認識し、Chapter 8で述べるPMOの働きでサポートできる範囲も見極めた上で、適切な人選を行えるように心がけたい。

　Day 1までには、**図表7-9**のように、分科会ごとの目標設定、メンバーの選出、検討項目（テーマをブレークダウンしたもの）の洗い出し、大枠でのアクションプランまでを策定し、経営陣と合意できている状態を目指したい。

統合プロジェクトの運営体制を構築する

　Day 1以降のスムーズな検討開始のために、分科会の検討テーマ設定と同時に、Pre-Closing期の間にPMIプロジェクト全体の会議体・運営体制を定める必要がある。PMIプロジェクト体制の確立にあたっては、チームのアサインと、会議体の設定を実施する（**図表7-10**）。

　これらの設定が完了し、Day 1においてトップからのメッセージ発信をもって、スムーズに統合実務の検討に移れるようにすることが、PMIの第一歩として非常に重要である。

最後に

　冒頭にも記載したが、PMIに関する書籍・公開情報は多々存在するものの、PMIの検討領域の広さと、各領域の実検討にはIT・財務・人事といった専門性が求められることも多く、M&Aに携わる経験が少ない、または初めてといった人にとっては全体像をつかむことすら困難といった状況が実態であるように思う。本章では、M&AにおけるPMIの重要性、全体のマイルストンとPMIにおける検討領域、Day 1を迎えるにあたって実施しておくべき事項について、全体観をつかめる粒度を意識して説明したため、各検討領域・

図表7-10 ● 会議体系の全体観

会議体	目的・役割／頻度	参加者
ステアリングコミッティ	経営陣に対して分科会の検討内容を報告し、意思決定を行う（隔週～月次）	経営陣、分科会、事務局
事務局定例	管掌役員・PMO間で進捗を共有し、懸念事項の洗い出し・対策を協議（週次）	PMO、PMI管掌役員
進捗共有会議	各分科会が、互いに進捗を共有し、分科会横断で検討推進する必要がある論点について協議（週次）	PMO、全分科会リーダー
分科会定例	日々の検討と実行推進、および現場メンバーでの進捗共有・議論（週次）	PMO、各分科会メンバー

出所：A.T.カーニー

項目の具体的な実務には触れていない。個別の領域・項目の実務部分に関心がある方は、ぜひそれらを解説した別の書籍等を参照していただきたい。

　次章では主に統合実務の推進における要ともいえる、PMO（Project management office）の役割と実務について説明する。

Chapter **8**

....

フェーズ3：トランスフォーメーションの進め方❷
PMOの役割と実務

　前章の通り、バリューアップに向けたレバーを洗い出し、プロジェクトの運営体制・ゴール決定後は分科会・タスクフォースといった形で実際に実行推進するフェーズへと移行する。この実行フェーズにおいてはPMO（Project management office）が重要な役割を果たし、その巧拙がトランスフォーメーションの成否を分ける。PMI業務は不可逆性が高く、かつトランザクションの成功／失敗を決めてしまう性質のものであるため、万全を期して進めることが求められる。

　しかしながら、通常の事業会社ではこのようなPost-M&Aにおける全社改革に立ち会う機会は限られており、社内に豊富なPMO経験を積んだ人材が十分に存在していることは多くない。一方、PMOの動き方は、個別のケースにより力点の置き方や進め方などの細かいカスタマイズは必要であるものの、通底する考え方、直面する問題・課題はケースによらず共通であることも多く、進め方を知っていることでより効率的に、大きな効果を実現することにつながる。

本章では、PMOとしてプロジェクト全体を推進していく立場に立った読者を想定し、IT・人事などといった個別の業務PMIに留まらない、全社改革の進め方の型やよくある課題と対応の方向性を体系的に説明していきたい。

プロジェクト全体を
マネジメントする

　PMOが持つミッションは、「プロジェクト全体の推進を通じ、狙う成果を実現すること」である。このミッションの実現に向け、本SectionではPMOの立ち上げに際して求められる組織要件と、担う役割について触れた上で、実務面で留意すべきことについても説明する。

PMO組織を立ち上げる

　具体的にPMOが担うべき役割・業務について触れる前に、PMOの立ち上げに際してのポイントについて説明したい。このPMOの組織設計を間違えた場合、プロジェクトのスムーズな実行を妨げるばかりか、最終的に実現できる成果が大きく減衰するといったことが起こり得るため、非常に重要なプロセスといえる。

　まず、PMOを担う人材要件としては、「①PMO経験・スキル」、「②問題解決能力」に加え「③社内業務・企業風土を理解し、関係者に働きかける力」、それら3つの能力が求められる。

　しかし、先述したように、「①PMO経験・スキル」といった観点では社内に適切な人材がいないケースも多いのではないだろうか。そういった際は、経験豊富な外部のコンサルタントを活用し、PMOの立ち上げを支援してもらうのも有用である。彼らと並走し、社内に適切なナレッジを蓄積していく

ことで、今後も同様のPost-M&AにおけるPMO業務が発生した際に内製化できる状態を目指すと良いだろう。

次に、「②問題解決能力」も重要な能力である。本Sectionの冒頭で記載した通りPMOのミッションは「プロジェクト全体の推進を通じ、狙う成果を実現すること」であり、成果実現のために、進捗管理・司会進行に留まらず、プロジェクトに問題が発生した際にはその根本原因を解き明かして論点を明確にし、適切なステークホルダーを巻き込みながらその解決を図る能力が必要不可欠となる。この能力に関しても一朝一夕に身につくものではないため、社内に適切な人材が不足している場合は外部アドバイザー会社にサポートしてもらうのもよいだろう。

最後に、「③社内業務・企業風土を理解し、関係者に働きかける力」を有する人物を登用することも必須要件である。そういった点で、PMOメンバーに関しては外部を活用する場合でも、外部任せにするのではなく、必ず社内から適切な人材を配置するべきである。PMOとして取り組みを推進していく中では事業面・財務／法務面・人事面といったあらゆる側面で、その会社独自に存在する過去の経緯・企業風土を背景として、単純な合理性だけでは物事を押し通せないケースが発生するのは不可避であり、そういった際に社内の事情に明るくない外部コンサルタントに丸投げしているとどうなるかは、読者の皆様の想像に難くないだろう。

なお、社内からの人材登用に際しては、いくつか注意事項が存在する。これらを満たさない登用は意味をなさないといっても過言ではないので、留意していただきたい。

●社内のエースを登用する

PMOは複数の重要なイニシアティブを連動させ、経営の目線で推進していくことになるため、人材スペックとしても実行力・判断力の双方が備わった人材であることが求められることから、所属部門以外の責任者にも名が知られており、関係各所とのインターフェイスが上手い社員だと望ましい。というのも、PMOの役割を全うしようとすると、部門間の利害調整や、職位を飛び越えた要求を突きつけるといった場面が多発することになる。その際に現場部門と上手く折り合いをつけながらコミュニケーションする必要が生

じるからである。当然、M&AのPMO経験がある人材が社内にいる場合は、適任であるが、いない場合でも複数のステークホルダーにまたがる全社横断プロジェクト（複数事業部・地域・拠点などが関係するプロジェクト）をまとめた経験がある人材であれば、スムーズに学習・適応できるであろう。

　また、誰もが認める人材をPMOに抜擢することにより、「経営の本気度（トップのコミットメント）」が伝わるというものである。PMOの人選は改革の成否に大きく関わるということを意識していただきたい。

●PMOは"専任化"する

　次に重要なのは、PMOに所属する人材は必ず"専任"で配置し、日常業務がない状態とすることである。PMOは全社的な立場に立って、中立に物事を判断する必要があるが、どんなに優れた人材であっても、既存部門と兼任している場合に中立性を担保することは難しい。優秀な人材であればある程、複数の業務を抱えていることが世の常であり、所属部門からの反発も起き得るが、兼任にしてしまうとPMOへのオーナーシップも失われることに

図表8-1 ● PMIの推進体制とPMOの位置付け

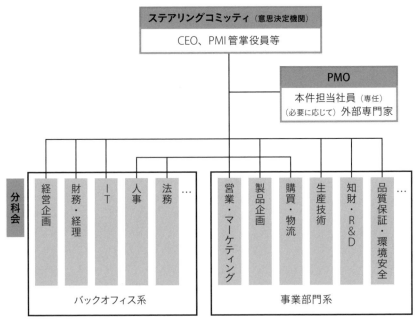

出所：A.T.カーニー

なる。

全体像を可視化しプロジェクトを推進する

　プロジェクト推進にあたってPMOが担う役割は大きく分けると①取り組みの全体像の整理・可視化、②各分科会の検討品質の引き上げ・実行性の担保、③分科会間の"ヨコ連携"の担保、の3点である。本Sectionでは、各役割を実行する上での具体的な動き方について説明する。

❶取り組みの全体像の整理・可視化

　PMOの重要な役割の1つは、トップラインからボトムライン、ITから人事まで、複数のイニシアティブが同時に走る状況下で、取り組みの全体像を整理・可視化し、関係者全員の共通認識が得られる状態を作り上げることを指す。これに用いる資料はなるべくハイレベルで整理し、1～2枚の一覧性のあるフォーマットでまとめ上げることが望ましい。基本的に各イニシアティブの取り組みスケジュールや検討内容の詳細はプロジェクトのリーダーが策定することが多いが、担当レベルで作成すると、記載の粒度が必要以上に細かくなりすぎてしまうため、経営報告・判断に必要な情報内容・粒度になるようにPMO側で整理する。

　一義的には、各分科会のテーマ毎に以下の要素が整理されていると良いだろう。

①ゴール（アウトカム）と責任者
②主要なマイルストン（特に経営判断が必要なタイミングと、判断事項）
③経営インパクトの創出タイミング・規模
④分科会間の相互依存関係

　ここで整理した全体像は、改革管掌役員・責任者とPMO間での進捗共有の場（PMO進捗共有mtg）や、経営会議・ステアリングコミッティの場で常に提示、共有することで、マネジメントがプロジェクト進行の全体進捗を即座に把握できるようにしていきたい。

図表8-2 ● プロジェクト全体管理フォーマット例

検討・準備 〉 試行・展開 〉 効果実現 〉 ★：経営の意思決定

	ゴール	効果発現時期・額	責任者
営業改革	業務時間20%削減・ 成約率10%向上	20XX年X月 40百万円／年	XXX
原価低減	原料費8億円、 製造費2億円削減	20XX年X月 1,000百万円／年	XXX
間接費低減	間接費3億円削減	20XX年X月 300百万円／年	XXX
ITシステム統合	基幹システムの 統合による 費用削減と システム利便性向上	20XX年X月 50百万円／年	XXX
拠点統廃合	拠点統廃合による 費用削減と 機能重複解消	20XX年X月 500百万円／年	XXX

出所：A.T.カーニー

20XX年度		20XX年度	
X 〜 X月	X 〜 X月	X 〜 X月	X 〜 X月
▲ 開始	▲ 初期フェーズ完了		▲ 全体完了

営業販売フローの現状把握	営業販売フローのあるべき姿検討、業務フローの見直し	システム化要件定義	システム開発 導入
提案プロセス・内容の現状把握	あるべき姿と改善方針の検討	改善施策の策定	★ 施策実行
原料費の支出の現状把握	削減方針策定	★ サプライヤーとの交渉実施	
生産活動の現状把握	改善施策検討	★ XX拠点で試験導入	全拠点展開
広告宣伝費の現状把握	広告・販促物の発注ルール見直し	単価低減に関する業者との交渉	社内ルール変更
その他間接費の現状把握	その他間接費の削減余地検討	★ サプライヤーとの交渉実施 社内ルールの改定	新ルール導入
基幹システムの現状把握	統合方針の検討	統合に向けた要件定義	統合プロセス実施 導入
個別システム等の現状把握	各システム等の要否判断	★ 継続利用するシステムへの移行および必要に応じて業務プロセスの変更	
国内拠点統廃合方針策定	国内拠点統廃合計画策定	★ 支店の統廃合実施	本社の統廃合実施
海外拠点統廃合方針策定	海外拠点統廃合計画策定	★ 業務移管および拠点撤退の実施	

❷各分科会の検討品質の引き上げ・実行性の担保

　PMOの役割は、プロジェクトの全体管理に留まらない。個々の分科会の検討がうまく進捗するように支援し、その検討品質を引き上げ・実行性を担保することも重要な役割である。特に、分科会メンバーがプロジェクト進行に慣れるまでの立ち上がりに際しては、手厚く支援する必要がある。PMOが不在、または機能不全に陥ってしまったプロジェクトで見られるリスクとしては、以下のようなものが代表的である。

①目標（定性・定量）が各プロジェクトの積み上げになり、**トップダウン目標と整合しない**

②全体の**スケジュール／マイルストンが曖昧化**し、各検討・アクションが後ろ倒し

③客観的な視点・**重要な検討論点が抜け漏れる**

④**マーケット情報がない／顧客視点での検討がない**まま、自社でやりたいことを考える

　この後は、具体的にPMOが各分科会のmtg前〜後それぞれのタイミングにて、重点的に支援すると良いポイントについて説明する。

　まず、分科会の開催前には、「分科会当日の論点・獲得目標の明確化」が十分に行われているかを確認しておくことが重要である。当然ではあるが、分科会は関係者各者が多忙な通常業務の時間を割いて集まる貴重な時間である。各回の議論を積み上げ、目標を実現に近づけるための効率的・効果的な分科会の場とするためには何より事前準備が重要となる。特に、各回において議論したいこと、mtgにおける獲得目標が明確になっているかについてPMOは各分科会のリーダーと事前に詰めておきたい。

　上記を行うに際しては、共通のフォーマットを用いて、これまでの議論の振り返り、議論目的・獲得目標などを記載し、明確化を行えるようにすると良いだろう。各分科会のメンバーは、通常業務と兼任でプロジェクトに参画していることが多いため、これまでの議論の経緯などが曖昧な記憶となっているケースも多い。各分科会で冒頭にそのフォーマットを用いてメンバー間で認識の齟齬をなくすことで、生産性の高い会議が期待できる。また、会議

図表8-3 ● 分科会の事前記入フォーマット

本日の目的

- 業務改善・提案力強化の各チームの検討スコープ・スケジュールについて相互に共有する
- 取り組み施策別の目標金額について合意する
- 施策実施に必要となる初期投資（見積額XXX百万円）の役員提案について現場で合意する ●┈┈┈┈┈

> Point：
> ・共有事項や獲得目標を明記
> ・なるべく具体的に、会議によって目的が達成されたかどうかが判断できる形で記載

これまでの進捗

〈前回議論での合意事項・残論点〉
- **本分科会メンバーの分担決定について合意**
  - 業務改善チーム：XXX、XXX
  - 提案力強化チーム：XXX、XXX

〈前回議論後の進捗〉
- **本分科会の検討スコープ・スケジュール設計**
  - 業務改善：初期的な現状把握を実施、XXXに改善余地ありと見込む
  - 提案力強化：初期的な現状把握を実施、XXXに改善余地ありと見込む
- **取り組み施策別の目標金額の試算**
  - 業務改善：XXXの施策による費用削減額をXXX百万円と試算した
  - 提案力強化：XXXの施策による販売増加額をXXX百万円と試算した ●┈┈

今後の取り組み

- **業務改善**
  - 営業販売フローの詳細な現状把握のため、営業各部署にヒアリング実施（今週）
  - 営業ツールの現在の使用状況および費用をIT・総務に確認（来週）
- **提案力強化**
  - 提案プロセスの詳細な現状把握のため、営業部門にヒアリング実施（今週）
  - 現状の提案内容把握のため、提案時の資料等を収集（成功したXXX案件、失注したXXX案件は必須）（来週） ●┈┈

> Point：
> ・前回の合意事項・残論点に触れる
> ・実施事項・達成事項を分かりやすく記載（ただし、細かくなり過ぎないよう留意）

> Point：
> ・アクションと対応期限が具体的に分かるように記載

毎の議論目的・獲得目標を記載することで、会議終了前にそれらが達成されているかの確認も容易となる。

　なお、特にプロジェクト開始初期においては、PMOはこれらフォーマットの準備・展開だけでなく、記載内容に抜け・漏れ・認識齟齬がないか、スケジュールと討議の獲得目標が整合しているかなどを分科会リーダーと事前に確認すると良い。獲得目標については、なるべく具体で、達成されたかどうかが判断できる形で記載する必要がある。例えば「営業ターゲットセグメントの議論」といった記載がされるケースでは、議論を通じた結果どのような状態になっていれば良いのかが不明瞭である。この場合は、「営業ターゲットセグメンテーション手法の合意」や、「営業ターゲットセグメント毎の攻略優先順位の決定」といったレベルまで明確化してから分科会に臨めるようにすべきである。

　次に、分科会当日の「議論のファシリテーション（交通整理）」もPMOが担う重要な役割である。これらの巧拙が、実際の分科会の検討品質・実行性に大きく影響する。

　よって、PMOは前述した獲得目標を念頭に置きながら議論に参加し、必要な討議・合意がなされているかを随時確認する必要がある。また、分科会における議論が発散・循環し始めた際には、割って入り議論を整流化することも重要な役割の1つである。各参加者の意見の違いがどのような前提・スタンスに基づいて生まれているのかといった観点で再整理すると、議論すべき点が明確化することが多い。議論が収束した際には、その場で合意事項・ネクストアクションを口頭で確認し、共通認識化することも忘れないようにしたい。

　以下に、発生する問題とPMOの介在・対処の方向性について記載したので、読者の皆さんもこれらを念頭に置きながら分科会に臨んでいただくと良いだろう。

よくある問題1　議論が発散し、些末な論点に時間を費やす

　現場メンバーが多く参加する分科会では、往々にして重大なイシューではなく、そこから派生した実務レベルの詳細議論が白熱してしまうことが多い。例えば、次期中計で狙うセグメントと営業方針を決める場においては、参加

している営業部門のメンバーは新方針を自身の担当顧客に当てはめて考えることになる。そうすると、本来は大方針・ポリシーを決める場であり、詳細を詰める場ではなかった会議体においても、個社への対応に向けた実務レベルの問題点などの各論に議論が移ってしまうといった具合である。

このような各論に必要以上に時間を使ってしまいそうになったら、それが全体に波及する重大な懸念なのかを見極めながら、PMOは議論に介入し、議題を本筋に戻すことが求められる。このような各論は、分科会の後に現場で詳細を詰めてもらい、必要であれば次回報告してもらうといった形で十分であることが多い。分科会では、あくまで経営視点で検討・意思決定する必要がある論点を集中して討議できるように意識したい。

よくある問題2 **議論が詰まり切っていないのに次の議題に移る**

関係者各位の合意が取れていなかったり、議論に明確な結論が出ていないにもかかわらず、他の議題がある／想定タイムスケジュールが来た等の理由で、とりあえずその場を収め、次の議題に移ってしまったりするケースは実務上よく見られる。この場合は、後々メンバー間の認識が異なっており、検討に手戻りが発生するといったリスクにつながるため、PMOとして見過ごしてはならない。このような場合は、PMOとして残論点を参加者に明確に示し、次回の議題に確実に盛り込むように留意することが重要である。

また、議論が白熱した結果、どちらかの意見の参加者が納得していないまま進行してしまうケースも、同様に後から「私は合意していない」といった蒸し返しを生むリスクがある。この場合、議題が次に移る前に、PMOはあえてどちらかの意見のスタンスを明確に打ち出し、「○○という結論で問題ないでしょうか？」と異議を唱える機会を参加者に提供するのも重要な役割である。

よくある問題3 **重要論点の議論が抜け漏れる**

社内のメンバーで集まって検討をしていると、どうしてもマーケット・顧客といった客観的な視点や、経営視点が抜け落ち、現場レベルの議論に終始してしまいがちである。PMOとしては、検討を通じて狙う成果を実現するために、本来議論すべき重要論点が議論されているか、抜けている論点がないかに常に注意を払うことが重要である。重要論点が抜け漏れていると感じた際には、積極的に議論に介入して軌道修正することが必要である。

図表8-4 ● PMI管掌役員への進捗共有フォーマット（分科会別）

報告日	20XX／04／15	分科会名	営業改革
最終確認日	20XX／04／10	目標額 （20XX年度）	40百万円／年
目的	・業務プロセスの見直しによる営業活動時間の増加および諸経費の削減 ・提案業務の標準化・ベストプラクティス共有の仕組み化による提案品質の均一化・高度化		

当面の マイルストン	4月 ▶ 5月 ▶ 6月 ▶ 7月 ▶ 8月	
	●営業販売フローの現状把握 ・営業部署へのヒアリング実施による現状の業務フロー把握 ・営業ツールの利用状況・費用の確認、および営業ツールの内容把握	●営業販売フローのあるべき姿検討、業務フローの見直し ・現状把握を踏まえたあるべき姿の検討・策定 ・業務フローの見直し、営業ツールの改修

前回報告からのアップデート （項目名、内容）	Next Action （項目名、内容、期日）	問題点 （遅延やスタックしている項目） と検討の方向性
●検討スコープ・スケジュール設計 ・業務改善：初期的な現状把握を実施、XXXに改善余地ありと見込む ・提案力強化：初期的な現状把握を実施、XXXに改善余地ありと見込む ●取り組み施策別の目標金額の試算 ・業務改善：XXXの施策による費用削減額をXXX百万円と試算した ・提案力強化：XXXの施策による販売増加額をXXX百万円と試算した	●現状把握の整理と課題抽出 ・ヒアリングの実施・結果整理（～4／X） ・営業ツール利用状況・費用整理（～4／X） ・提案内容の分析・整理（～4／X） ・以上を踏まえた課題抽出（～5／X） ●あるべき姿の検討に向けた準備開始 ・検討に向けた他社調査（～5／X） ・検討に巻き込むべき部署・メンバー決定と、ミーティング設定（～5／X）	・営業部門が警戒感を示しており、ヒアリング依頼等に協力してくれない →営業部門の役員に本件について説明し協力依頼をしていただきたい ・業務プロセス改善のためには一部業務のシステム化が必須となる見通しだが、予算がないため検討が進められない →追加予算をつけていただきたい ・営業ツールの所管部署が複数に分散しており、一元把握できない →ヒアリングを通じて使用しているツールを把握し、本分科会でリスト化予定

出所：A.T.カーニー

214

最後に、分科会終了後のPMOの動きも重要である。具体的には、議事録の展開・ネクストアクションの振り出しを忘れないようにしたい。なお、議事録については、分科会の討議が終了したその日のうちに展開できるとよい。その際には、議論を通じて合意されたこと、残論点、ネクストアクションの3点を明記し、展開時に認識齟齬がないかを参加者に確認する。プロジェクト運営の肝は、言った・言わない問題を発生させないこと、議論には必ずネクストアクションを設定し、ボール保持者を明確化することの2点である。いずれも当然のことではあるが、上記の議事録を通じて担保していきたい。

また、個別の分科会の進捗を取りまとめ、定期的に（理想は週に1回、最低でも隔週に1回）はPMIの管掌役員とPMOで状況の共有を行っておくことが重要である。この場では、個別の分科会の検討状況、リスク／懸念事項の共有とその対策について討議する。

❸分科会間の"ヨコ連携"の担保

各分科会のメンバーは、他の分科会における詳細な議論内容までは把握していないため、PMOは各分科会に横串を通す役割を担う必要がある。横串を通す際の視点としては、検討内容に関する分科会を跨いだ依存関係の有無、個別検討内容同士の矛盾の有無、の2点に注意しておくと良い。依存関係がある検討項目については、ボトルネックにならないように優先順位の調整や、個別検討の結果が全体視点では矛盾しているといった状態にならないように情報連携を行っていく。

また、検討の後半段階においては、各分科会の検討テーマを横断する視点で、全社的にどこにリソース（ヒト・モノ・カネ）をアロケーションしていくかという議論も必要になってくる。この際に各取り組みが経営にもたらすインパクト・時間軸・必要リソースの取りまとめを行い、経営視点で意思決定ができる状態にするのもPMOの重要な役割といえる。

◉まとめ

本Sectionでは、プロジェクト全体をマネジメントしていくといった視点に立った際にPMOに求められる組織設計の要件から、役割の外観について述べた。ただし、PMO推進中の多くの問題はソフト／ハードを問わず日々

会議体の外側を含めて現場で発生するものである。この後に続くSectionでは、よくある課題と、対応の方法について解説していきたい。

Section 2 · 現場を動かす

PMIの成功には、現場の協力が必要である。本Sectionでは、現場部門を上手く動かしながらPMIを成功に導くために、PMOとして留意しておくべき事項について説明する。

まず初めに、PMOとしてプロジェクトをマネジメントしていく際に理解しておくべき前提が2つ存在する。

1つ目は、現場部門は必ずしも改革へのモチベーションが高い人物だけではないということである。むしろ、慣れた業務・組織体制からの変化には痛みを伴うのが常であり、特にマネジメントクラス以外については、PMIを通じた金銭的なインセンティブ等もないため、抵抗勢力も生まれると考えておくべきである。

このような場合に、PMOとしては、改革の意義・目的を説いて納得してもらうといった正攻法を考える方が多いだろうが、必ずしも上手くいくとは限らない。彼らは感情的に反発しているケースもあれば、実際に改革を通じてジョブセキュリティが危ぶまれるケースもある。プロジェクトの立ち上げ期については、説得を試みてもよいが、取り組み姿勢が変わらない場合は改革担当役員と掛け合ってメンバーから外すといった意思決定をすることもPMOの重要な役割である。モチベーションがない社員がやらされ仕事で取り組んでも、目指す成果は得られない。反対に、改革の目的に賛同し、強いモチベーションを有する人材であれば、職階にかかわらずプロジェクトのリーダーに登用するといったアプローチも検討したい。

2つ目は、ライン業務に従事する現場の人材は"プロジェクト"形式での物事の推進に慣れていないことも多いということである。プロジェクトに慣れていないと言われると、「そんなことはない。日々様々なプロジェクトを経験している」という声が上がりそうだが、それらの多くの場合は通常業務の延長でしかなく、全社視点で改革を推し進めるM&A後のプロジェクトとは大きく異なる。

　M&A後のプロジェクトは、既存の組織・業務から切り離された全社視点の改革が目的であり、多くの意思決定が必要となる。また、改革の速度を上げるためにも、重要な項目についてはマネジメントに答申はしつつも、多くの意思決定事項を分科会の中で決めて、進めることが求められる。「この議題は経営判断なので決められない。上で決めてもらいたい」といった発言がリーダーから出てきた場合は要注意であり、PMOは、その意思決定をするのがリーダーの役割であることを説き続ける必要がある。現場ではどんどん決めていけばよく、それらに対して適切なブレーキをPMOが掛けるくらいの状態を目指すべきであろう。

　PMOとして、実務上上手く現場を動かし、目指す成果を実現するためには、「"できること"ではなく、"Should-be"ベース」で考えているかに留意する必要がある。特に、現場メンバーと協働して検討を進めていく上で、PMOが担保したいことは、既存の前提・制約条件に縛られたボトムアップ的アプローチに終始していないかという視点である。GOALとして掲げたTO‐BEの姿、例えば抜本的な業務効率化を目的として業務フローの組み換えを行う際には、多くの問題点が出てくるものである。特に、本質的な変革であるほど現行業務の中でマスを占める業務にメスを入れることになるが、それらは現場メンバーにとって重要であり、変更することで多大なリスクを発生させるものと認識されていることが多い。リスクを避けてできることをボトムアップ的に積み上げた結果、いつの間にか既存の前提・制約条件に立脚した、単なる改善施策になってしまうのである。

　これらは容認してはならない状態であり、そうならないよう、経営目線を担保する存在としてPMOは立ち回る必要がある。常にゼロベースで「達成したい目標」を実現するにはどうすればいいか、何があれば達成できるかといった視座に現場を引き上げることを意識したい。検討内容だけではなく、

スケジュールについても同様の視点が必要である。現場に任せて出てきたスケジュールは、往々にしてバッファが積まれていることが多い。出てきたスケジュールについては、そのすべてに、もっと前倒しできないかといった問いを投げかけてみるくらいの気概で臨むと良いだろう。また、ネガティブな回答に対しては、その要因も確認した上で、経営の意思決定により解消できるものであればマネジメントに適切にイシューレイズすることもPMOの重要な業務である。

手綱は一気に離さない

　プロジェクトを立ち上げ、メンバーを選定し、議論の中でも視座を引き上げる問いを投げかけ続けることで、プロジェクトメンバーも進め方に慣れてきたタイミングでは、PMOとしての関与度合いを見直し、プロジェクトに自走を促すフェーズとなる。というのも、PMOは複数のプロジェクトを横断的に支援するため、すべてのプロジェクトに高関与を続けることは難しい。そのため、プロジェクト立ち上げ後は自走できるプロジェクトを見極め、徐々にプロジェクト毎に関与度に濃淡をつけていく必要があるのである。

　ただし、この際に、軌道に乗ってきたように見えるプロジェクトであっても、関与の弱め方については慎重に検討する必要があるだろう。現場メンバーも、PMOが論点整理を支援し、やるべきことが見えた状態になっていれば上手く走れるものである。真の自走は、その先、新たな論点・問題が発生した際に、現場メンバーがShould-beベースで考え、妥協せずに解を模索できるようになった先に訪れる。そこに至っていない状態で急に関与を弱めると、プロジェクトが瓦解してしまうことも珍しくない。

Section 3 アラートを察知し軌道修正する

現場メンバーを巻き込み、日々プロジェクトを推進していく中では様々なトラブルが発生し、時には現場では解決しがたいこともある。それらのアラートをいち早く察知し、必要に応じてマネジメントも巻き込みながら、軌道修正を図ることがPMOには求められる。

前提として、PMO業務に「順調」といった状態はないといったことを理解する必要がある。懸念・リスクは常に存在し、その大小が存在するといった認識で臨むことが、アラートを見逃さないことにつながる。特に、PMOが注視すべき視点は「①進捗速度の十分性」、「②検討内容の十分性」、「③人的トラブル・コミュニケーションリスク」の3点である。

視点❶進捗速度の十分性を検証する

よくある問題の1つは、取り組みスケジュールの遅延である。プロジェクト検討開始時には見えていなかった論点の出現により、当初想定していたスケジュールに収まらないといったことはよく見られる問題であり、PMOは本件に対して適切に対処する必要がある。

上記に対処するためには、まずスケジュール遅延を引き起こしている要因を整理することが肝要である。よくあるパターンは、以下の3つである。

①検討論点が増えて討議サイクルが追い付いていない
②意見が対立し、議論の決着がつかない
③他の分科会・プロジェクトの議論待ち

ボトルネックが特定できた後は、それらに応じた対策を取るのが良い。例えば、「検討論点が増えて討議サイクルが追い付いていない」のが原因であれば、週次の分科会の間にSmall mtgの設定や、参加メンバーを絞る形で効

図表8-5 ● PMOからステアリングコミッティへの事前インプット

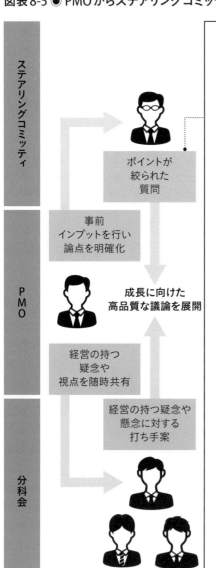

プロジェクト推進の加速に向けた質問例

議論の視点	分科会への質問例
進捗速度の十分性	・「○○は、なぜこんなに時間がかかるのか？ ヒト・モノ・カネの投資で前倒しできないか？」 ・「○○の検討にはXXを踏まえると現行スケジュール以上に時間を要する可能性があるため、早速議論を開始すべきでは？」 ・「○○が遅延しているとのことだが、巻き返しのために何をするつもりか？ いつ遅延解消する予定か？ 巻き返せなかった場合の代替策は検討しているか？」
検討内容の十分性	・「そのやり方で本当に目標効果額を実現できるのか？」 ・「現在の検討範囲で本当に十分なのか？」 ・「さらに大きな成果を求めるとすれば、どのような方法があるか？」 ・「○○はできないとのことだが、それは本当か？ 過去のやり方に縛られていないか？」 ・「当初の理念に立ち返ると、現在の目標は退化していないか？」

（ステアリングコミッティ）
ポイントが絞られた質問

事前インプットを行い論点を明確化

（PMO）
成長に向けた高品質な議論を展開

経営の持つ疑念や視点を随時共有

経営の持つ疑念や懸念に対する打ち手案

（分科会）

出所：A.T.カーニー

率的に意思決定、または論点の軽重を見極めた上で、重要でない論点については分科会ではなく現場メンバーに大胆に権限委譲して決めてもらう形でも良いだろう。

対して、「意見が対立し、議論の決着がつかない」ことが要因である場合は、まずは現場レベルで議論の整理を試みる。それぞれの意見に立脚した際のメリット・デメリットを棚卸し、改革の目指す姿により近づくほうを選ぶと良い。それでも現場レベルで決着がつかない場合は、PMOからマネジメント陣にイシューレイズし、経営判断で決めてもらうのも1つの手である。

視点❷検討内容の十分性を担保する

PMOが注視すべき2つ目の観点は、検討内容の十分性である。こちらは、スケジュール上問題なく進んでいるように見えるプロジェクトにも起こり得るといった点で、より注意を払うべきともいえる。

取り組みの十分性については、議論されている内容で推進した際に、目指す効果が本当に達成できるのかといった視点で評価するといいだろう。具体的には、Should-beベースで議論がなされているか、組織の慣性の法則に縛られていないかをチェックすると良い。議論当初は、高い目標を掲げるものの、様々なステークホルダーの意見を受けたり、実行までのハードルが見えてきたりするに従い、角が取れた中庸な施策、既存の延長・改善に留まる施策に着地してしまうことを避けねばならない。

議論がそのような状態にならないよう、PMOは常に問いを投げかけることはもちろんであるが、mtg内外で、プロジェクトのリーダーを中心に改革の意図・達成目標を繰り返し伝えることも重要である。プロジェクトリーダーがPMOと同じ視点を持てれば、取り組みの深さは大きく進化するだろう。

ただし、どれだけPMOが問いを投げたとしても、究極的にはPMOは支援者であり推進の主体ではないため、現場の抵抗を覆せないこともある。その場合は、起きている事象を改革担当役員にレポーティングし、マネジメント報告・ステアリングコミッティのタイミングで経営陣から投げかけてほしい問いを事前に共有しておくと良いだろう（**図表8-5**）。

視点❸人的トラブル・コミュニケーションリスクを回避する

　M&Aを契機に開始するプロジェクトは、既存の延長線とは一線を画した、構造改革を伴うテーマであるが故に、人間関係といったソフトな部分でも様々な摩擦が発生する。PMOはステークホルダーの人間関係を機敏に察知し、個別コミュニケーションによるリスクの事前回避や、必要なアラートを改革管掌役員に報告するなどの動きが求められる。具体的には、①既得権益者の反発、②改革管掌役員と分科会メンバーとの摩擦、③情報の一人歩きによる恐怖／不安の蔓延といった事象が見られることが多い。こういった事態が発生した際に、なるべく早期にPMOに情報が上がってくる信頼関係を現場のメンバーとの間に築けているかが肝要であるため、PMOメンバーは分科会内外で積極的にメンバーとの交流を図ると良い。兆候を見逃さなければ、取れる打ち手の幅は広がる。

①既得権益者の反発
　構造改革は、"既得権益の再分配"を行うに等しい。改革を通じて、新組織として求める方針に基づき権限や経営資源（ヒト・モノ・カネ）を割り付けるため、経営資源の配分バランスが大きく変化する。よって、新方針にマッチする人物は評価される一方で、現行組織において実績を出し、力を有している人物であったとしても、今後の方針にマッチしない場合は評価が下がり既得権益が失われることになる。これは、"改革"を行う以上避けられない事象であるといってよい。

　改革プロジェクトの開始時には、これらの既得権益者は新しい方針を総論で受け入れ、支持するスタンスをとっていることが多い。個別具体の検討が進み、実際にどのような経営資源配分が起きるか、自身の扱いがどうなるかが見えてくるに伴い、立場を変える。この場合、反対に回る人物は現行組織の中で実績を出し、力を有している人物の場合が多く、その影響力は看過できないため、PMOとしては注意が必要である。検討内容に、これら既得権益者への中途半端な配慮、遠慮が発生すると、改革の目指す姿は曖昧となり、狙う成果の実現は望めない。現場のメンバーに迷いが生じないようにするためにも、PMOとして目指す姿を明確に示し、毅然とした対応を行いたい。

②改革管掌役員・責任者との摩擦

分科会の検討メンバーは、その検討テーマの詳細に詳しいメンバーで構成されることが多い。この際によく生じる問題は、組織の慣性の法則に縛られ、検討の視座が下がり、既存の延長線上の改善に留まってしまうことである。この問題を防ぐためには、改革管掌役員・責任者やPMOは常に目指す姿を提示し、Should-beベースで物事を考えることを求めていく必要があることは、「視点❷：検討内容の十分性を担保する」で述べた。

ところが、Should-beベースでの物事の推進は、現場のメンバーからすると、慣れ親しんだ今のやり方・慣習を大きく変えることにつながり、心理的ストレス・不安から反発を招くといった事態に発展し得る。特に、今まで管理・報告が求められていなかったような事項について、マネジメントから厳しく要求を繰り返すと、分科会・メンバーのレスポンスが遅くなったり、対応が漏れ始めたりするケースが見られる。これらは、現場のモチベーション低下や反発のサインであり、「データを意図的に出さない／ないと報告する、進捗を遅らせる」といった事態に行きつくことがあるため、早期に対応すべきである。具体的には、改革管掌役員と現場の討議の場にはPMOがクッション役として入り、適切な負荷の強度を見極めて捌く（また、事前に管掌役員とゲームプランを練っておく）といった立ち回りが求められる。

③情報の一人歩きによる恐怖／不安の蔓延

人事改革、抜本的な業務プロセスの変更、コストの圧縮、拠点の統廃合といった取り組みは、一般社員の活動にも大きく影響を及ぼすところであり、検討内容に対する関心も非常に高い。M&Aを契機としてこれらの取り組みが進んでいることは周知の事実であり、分科会の検討内容について、様々な噂が飛び交うことで誤解を生み、意図しない反発や人材の離反を招くといったケースも枚挙にいとまがない。本件に関しては、現場のメンバーを分科会に参加させる以上、完全な情報統制は不可能であると認識した方が良く、完全に現場から切り離したメンバーでクローズドに進めるのでなければ、取り組みの意義／目的と共に積極的に情報を先回りして開示していった方が良いケースが多い。そこに真に合理性があれば従業員の納得も得られるものである。

PMOは、日々の進捗をモニタリングしながら、現場レベルでの議論整理から経営陣を活用した「舞台回し」まで、問題の発生要因を見極めて適切にアラートを上げながら軌道修正をしていくことが求められる。

　ただし、先にも述べたように、究極的にはPMOは主体者ではなく事務局であり、推進主体である現場のプロジェクトリーダーが進めることを放棄してしまった場合にはどうにもできないのが実態である。そのような場合、必要に応じてメンバーの更迭も含めた提言を改革管掌役員にするのもPMOの重要な役割となる。必ずしも同一のメンバーで続ける必要はなく、改革へのWillのある人材をバスに乗せることが最重要ポイントである。

Column

PMOのスキルは、実践を通じてのみ培われる

　経営コンサルタントをしていると、PJ支援開始時に、終了時にはPMOのノウハウ・スキルの引き継ぎ・移管をしてほしいという要望をいただくことが多い。ただし、誤解を恐れずに言えば、PMOの引継書のようなものを作成しても、画餅となることが多い。というのも、コンサルタントから、進捗管理FMT・会議体という外形的なものは引き継げるが、PMOの真髄は前述した議論のファシリテーションや、前述したアラートと軌道修正……などなどのソフトスキルであり、外形用件だけを引き継いでも再現性はなく、真のノウハウ・スキルは実際のPMOとしての実務経験を通じてのみ獲得可能なものなのである。よって、PMOに外部のコンサルタントを活用した際でも、社内から適切な人材を選出し、経験を積ませることが重要である。

Chapter 9

検討品質を上げる
外部アドバイザーの使い方

　繰り返しになるが、M&Aに求められるスキルは非常に幅広く、すべてを自社で内製することはできない。そういう意味では、上手く外部アドバイザーを使えるかどうかがM&Aの成否を大きく左右する。

　本章では、買い手候補として、様々な外部アドバイザーを活用するときに、その能力を最大限発揮してもらい、自社の意思決定の品質を上げるために、買い手としてどう行動すべきかについて論じる。

Section 1 外部アドバイザーを活用する 対象を決める

　M&A（本章では、特にトランザクション段階を念頭に説明する）においては、どこまで外部アドバイザーを起用するのかが重要な論点となる。各種作業を内製で行えば、対象会社の実態に対する理解は深まり、正しい投資判断をしやすくなる一方で、現実的には、定常的に業務があるわけではないM&A関連で、すべてを内製できる体制を整備できる企業は多くない。また、工数の制約だけではなく、トランザクションに関わる業務は専門性が高く、知見という観点からもすべてを内製化するのは現実的ではない。

　そこで、どの作業を内製化して、どの作業については外部アドバイザーを起用するか、またどの外部アドバイザーを起用するかも、トランザクションの成否を左右する大きな論点である。

　多くのトランザクションの場合には、FA業務やフィナンシャルDD、リーガルDDは外部アドバイザーを起用することが多い（FA業務を内製化する企業もある）が、ビジネスDDについては、社内で実施するのか、外部のアドバイザーを使うのか判断することが必要になる。対象企業が、自社と同業種であれば、市場の動向や競争環境、場合によっては対象会社の事業について熟知していることもあるかもしれない。一方で、自社の既存領域と離れた対象会社の場合には、市場の動向、競争環境についての理解は乏しく、対象会社の事業構造について厳密に評価できないかもしれない。

　自社が理解している領域であれば内製すれば良いのかというと必ずしもそうではない。自社が理解しているからということで、事業の評価がおざなりになり思わぬリスクを見落としてしまうこともある。そこで、自社に対象会社を評価する知見があるのかどうかという観点と、実際にそのような事業評価をできる人材がいるのか、工数上もしっかり関与して運営できるのかという観点から外部アドバイザーの起用の要否を考えるべきである。

外部アドバイザーを起用する場合にも、その起用の仕方には留意しなければならない。M&Aが成立した後には、対象会社を自ら経営していかなければならない。そのためには、対象会社の事業の構造はもとより、その市場環境や競争環境についても熟知することが必須となる。トランザクション段階においては、それが不足しており対象会社を厳密に評価できないため、リスク低減のために外部アドバイザーを使うということはあってしかるべきであるが、一方で、対象会社の評価を完全に委託し、その結果の報告だけを受けるという形ではいけない。外部アドバイザーが対象会社を評価するプロセスに主体的に関与し、そのプロセスを追体験し、一緒に議論をすることで、後々経営することになる会社への理解度を高めておくことが必要である。

Section 2 | 起用する外部アドバイザーを決める

　では、次にどの外部アドバイザーを起用するかを決める必要がある。ビジネスDDの実施主体には公的な資格が求められるということはなく、アドバイザー候補は非常に幅広い。グローバルに展開する外資系戦略コンサルティングファームや、日系の戦略コンサルティングファーム、総研系、総合系・会計系コンサルティングファームやそのFAS部隊、ブティックファームなどがある。

　各アドバイザーに得意・不得意領域があるため、その特徴を踏まえた上で、どのアドバイザーを起用するか判断する必要がある。一般的には、グローバルに展開する会社や事業構造が複雑な企業に関しては、そのような知見が豊富なグローバルな戦略コンサルティングファームに依頼するのが良いが、その分フィーは高額になり、案件によっては1億円を超えるような水準となる。一方で、比較的シンプルな事業だが、管理会計制度が整っておらずデータが

整備されていない企業などは、フィナンシャルDDを実施する会計ファームと同じグループのコンサルティング会社を起用した方が、フィナンシャルDDとうまく連携してくれる。また、非常にニッチで特殊な事業を営んでいる会社の場合にはブティックファームや総研系が適していることもある。

　ただし、このような外形的な得意・不得意以上に、各社個別に得意な領域、不得意な領域がある。また、究極的には誰が担当するのかによって、ビジネスDDの品質は大きく変わってくる。そのため、基本的には複数社に声をかけて、そこから提案を受けて判断することが重要である。ただし、トランザクションの直前に各社に声をかけて、各社から提案を受けるだけでは、本当の各社の実力が分からないことも多い。提案書上では、各社とも過去の実績を紹介するとともに、ある程度の水準では、リサーチに基づく論点、仮説を整理することができ、フィーぐらいしか違いが分からないことも多い。しかし、実際にトランザクションが開始すると、当該領域における各社の本当の実力が露呈することとなる。

　では、最適な外部アドバイザーを選ぶにはどうすれば良いのだろうか。そこで、ビジネスDDが始まる直前に各社に声をかけて提案を依頼するのではなく、案件がかなり初期の段階からアドバイザーに声をかけ、その段階から継続的に議論をすることをお勧めしたい。意向表明や1次ビッドを出す段階からいくつかのアドバイザーと議論を重ねることで、当該領域におけるその外部アドバイザーの真の実力が分かるとともに、買い手としても対象会社やその事業環境について理解を深めた上で意向表明や1次ビッドの札を提出できる。

　ビジネスDDに進むかどうか分からないタイミングで、外部アドバイザーに声をかけることに躊躇する買い手もいるかもしれない。外部アドバイザーを務める立場からすると、事前に声をかけてもらい、何度か議論を繰り返しておくことで、ビジネスDDにおける論点が先鋭化し、実際にビジネスDDが始まったときに効率的に運営できるようになるとともに、当該領域が得意なメンバーの確保など社内のリソースをある程度柔軟に確保しやすくなるというメリットがある。当然すべての案件がビジネスDDに進むわけではなく徒労に終わることも多いが、外部アドバイザーにとって事前に議論をすることのメリットは多く、対応してくれる外部アドバイザーも多いだろう。外部

アドバイザーとしても、稼働がひっ迫しており、そのような議論に対応できないときには、そのように言って対応を断るので、買い手としては遠慮なく事前に声をかけるのが良い。

ただし、何度も事前に議論したにもかかわらず、実際にビジネスDDに進むときには他のアドバイザーを選ぶといった不義理や、あまりにビジネスDDに進まないようだと、アドバイザーから愛想をつかされることもあるので、付き合い方には注意が必要である。

Section

3 ｜ アドバイザーに方針を示す

ビジネスDDとなると客観的に外部からの評価をもらうものだと考えて、基本的には、最初からアドバイザーには方向性を示すことはせずに、アドバイザーの報告に対して討議するというスタンスの買い手も存在する。しかし、それではアドバイザーの検証する範囲も網羅的にならざるを得ず、全体はカバーしているが、焦点が絞られておらず深掘りしきれていないものになりがちである。

外部アドバイザーの活用に慣れている買い手は、外部アドバイザーを有効に活用するために、本件トランザクションにおいて、何が検証されたら投資をするのかというストーリーを仮説的にでも作り、それを事前にアドバイザーに示す。そういった方針があると、アドバイザーは、その論点に関して深掘りして多角的に検証をすることができる。一方で、アドバイザーとしては、買い手側が考える投資のストーリーでは、見落としている重要論点に対して、専門的な知見をもとに指摘をしたり、補完をすることが重要である。

どのようなトランザクションであれ、対象会社やその事業に問題が全くないトランザクションは存在しない。様々ある問題に対し、買い手として何を

問題として、何を問題としないのかが異なる。そこで、買い手として、対象会社を買収する際に成り立っている必要があるストーリーを明示することで、逆に言うと、それ以外の些細な問題点は問題としないということが明確になる。その結果、そのストーリーに関わる大きな問題があるかを検証することに十分な時間を使うことができるようになるのである。

　繰り返しになるが、ビジネスDDでは客観的に対象会社を評価しなければいけないが、4週間から6週間という限られた時間の中で、投資判断に資する調査を実施するためには、漫然と浅く広く調査をしても意味がなく、買い手としてこだわっている点を明らかにして、外部アドバイザーの工数もそこに集中させることが重要である。

Section 4 | アドバイザーとのコミュニケーションを増やす

　いざ、トランザクションが始まると買い手としてやることは非常に幅広い。そうすると、どうしても外部アドバイザーを起用した各種DDに関しては、外部アドバイザーに任せきりになり、週に1回程度報告を受けるだけになりがちである。しかし、そのくらいの接点では、外部アドバイザーの知見を十分活用しきれないと考える。

　ビジネスDDの中では、日々様々な問題が起こる。例えば、ある論点を検証する際に、必須な情報が対象会社から開示されないといったことや、開示された資料があまりに乱雑で解釈できない、またはそのデータの正規化に膨大な時間を要するといったことや、当初描いていた投資ストーリーに対して、重大な反証となる事実が見つかった場合などは、どう対応するかなどすぐに話をしないと時間を無駄に消費してしまう。

　また、重要な分析結果に関しては、その結果をどのように解釈すべきであ

るかをデータを見ながら議論をしたり、場合によっては、その分析の前提やプロセスに関しても買い手がしっかり理解しておくことが必要だったりもする。

そう考えると、買い手とビジネスDDを実施する外部アドバイザーは、少なくとも2日に1日程度は定期的な討議時間を設けて進捗の確認や重要な分析結果の共有、懸念点の共有と解消に向けたアクションの討議をするべきである。もちろん、その際には報告会という形で、きちんと報告資料にまとまっている必要はなく、ローデータそのものや口頭での議論でも構わない。

買い手としたら、外部アドバイザーが調査・分析をして報告書にまとめるのに忙しそうにしているのを見て遠慮をしたり、外部アドバイザーとしても、報告書として体裁が整っていない状態での議論や場合によっては確定的に検証しきれていない状態でクライアントと議論をすることに二の足を踏むことがあるかもしれない。

しかし、ビジネスDDでは限られた時間の中で重要な投資判断をしなければならず、通常のプロジェクト以上に買い手とアドバイザーの密な議論が必要となることに留意しプロジェクトを運営することが重要である。

Section 5

買い手として意思を込める

買収後の経営、ひいてはM&Aの成否に責任を持つのは買い手であって、外部アドバイザーは、道義的な責任を感じることはあるだろうが、その責任を取ることはないというのが現実である。繰り返しになるが、問題が全くないトランザクションはなく、対象会社は、必ず大なり小なりの問題を抱えている。アドバイザーはその問題を客観的に提示はするが、それをどう捉えるかは買い手の意思次第である。アドバイザーが客観的に指摘したことをすべ

て受け入れていては、意味のある投資判断はできない。

　買い手として、どの問題は重視し、どの問題は重視しないか、外部アドバイザーからの提言を理解しながらも、将来をどう読むかについて、自らの意思を込めることが重要である。そのような意思を込められるのは、トランザクションの責任者であり、買い手の経営陣だけであることを意識してほしい。最終的に意思を込めるためには、そのプロセスの全体を十分理解しておくことが重要である。

Section 6 　買収後のトランスフォーメーションでも外部アドバイザーを上手く使う

　Chapter 7において触れたように、トランスフォーメーションにおいては、明確な期限やゴールが定められていないことも多く、また自社内でも一定の関連事業を運営していることから、特に、事業会社のM&Aにおいては、すべて自前で実施しようとする傾向が強い。当事者意識という意味では素晴らしい反面、トランスフォーメーションにおいて求められるスキルは非常に幅広く、それらをすべて兼ね備えている人材は必ずしも社内に十分いるとは限らない。

　一方で、外資系のPEファンドにおいては、大規模な投資案件はもちろんのこと、売上高数百億円・EBITDA数十億円規模の案件においても、戦略コンサルティングファームなどの外部アドバイザーを活用してバリューアップをすることは、一般的になっていると感じる。彼らは、内部にも戦略コンサルティングファーム出身者を多く抱え自前でもトランスフォーメーションをできる人材を保有しているが、投資金額を勘案した場合戦略コンサルティングファームにワンショットで高額のフィーを支払ってでも、外部の力も借りて変革に向けた時間を買うことと、専門家集団を上手く使うことでリスク

を最小化するという行動原理は当たり前になっている。

　実際のバリューアップの活動は、専門的なノウハウを持つ戦略コンサルティングファームを活用しつつ自分たちは株主の立場から全体の管理や重要な意思決定にフォーカスをすることで変革の成功率向上に努めている。このように、それぞれの案件で、外部アドバイザーを上手く使い、短期的には費用を負担しつつ、確実に中期的に収益が出る体制にすることで、その実績をもとに他の案件のトランザクション時にも思い切った値付けができるようになっている。

　起用する外部アドバイザーに関しては、当然ビジネス DD を担当したファームが対象会社に対する理解という側面では優れているが、一方でビジネス DD が得意なファームとトランスフォーメーションが得意なファームは必ずしも一致しない面もあり、重要なバリューアップメニューに関しては、ビジネス DD を担当したファームとは切り離して、そのテーマに強いコンサルティングファームに個別にお願いするというのも手である。

　いずれにしても、数百億円～という投資金額に対して、一時的な外部アドバイザーの費用は必ずしも大きいものではなく、時間とリスクを最適化するために、トランスフォーメーションは内製で対応するのか、餅は餅屋に任せるのかという判断をきちんとすることが重要である。

◉あとがき

　ここまでM&A戦略、ビジネスDD、PMI・バリューアップに関し、その進め方や頭の使い方、そこで必要な分析について語ってきたが、最後に、M&Aに関わる上で重要なメンタリティについて触れたいと思う。M&Aのプロセスでは、非常にタフなメンタルが要求される。例えば、DDのタイミングでは、膨大な論点に対し、極めて限られた時間内に答えを出し組織内で合意形成をしないといけないし、買い手であれば、売り手側との立場の相違から、場合によっては破談も辞さない覚悟をもって交渉すべきときもある。また、アドバイザーであれば、買い手であるクライアントから、無理筋な要求を受けることや売り手側から十分な情報開示をされず検証が十分に進まないこともある。また、PMIやバリューアップの場面では、買収に対して、快く思っていない対象会社の人もいるかもしれないし、改革に後ろ向きの人もいるかもしれない。そのような人たちの行動を変え、確実に成果を出していくのは非常に心労が重なる仕事である。

　そのような環境下でも最大限のパフォーマンスを安定的に発揮するには、究極的には場数を踏むしかない。ただし、場数を踏まなくても、メンタルの持ちようによっては、ある程度実現可能であると考える。具体的には、M&Aにかかる様々なプロセスにおいては、正しい行動をとっていれば必ず成果がついてくるというものでもないということを認識し、結果の良し悪しと自らの行動を切り離して考えることが有用である。トランザクションの際には、買収を狙うライバル企業が常におり、その出方によって成果は左右されるし、売り手の意思にも影響される。PMI・バリューアップの場でも、どれほど素晴らしい提案やプロジェクトマネジメントでも、必ずしも全員が賛同することはなく、常に反対勢力がいることの方が多い。その中でも、パフォーマンスするには、ある種、そのような状況に関して達観し、自分はできることをしっかりやって、結果がついてくれば良いが、結果がついてこなくても、自分がコントロールできない要素が原因で仕方がないと認めるのである。そう言うと成果に拘っていないように聞こえ、プロフェッショナルとし

て失格であると考える方もいるかもしれない。しかし、むしろ状況や結果に左右されず、正しいプロセスを着実にこなす方がプロフェッショナルとして正しい行動といえる。また、何より、M&Aにおけるスキルは、案件を重ねるほど習熟してくるものであり、長く続けることがスキル向上の秘訣であり、そのためには、ときには結果的にトランザクションが失敗することもあるかもしれないが、それでも再度挑戦することが重要である。

　最後に、A.T.カーニー　故　栗谷仁パートナーが、「最強シリーズ」の第1弾である『最強のコスト削減』を2009年に初めて出版されたときには、私は右も左も分からないひよっこコンサルタントであった。出版された『最強のコスト削減』を拝見して、我々のノウハウを、シンプルな言葉で構造的に紹介されていることに驚くとともに、栗谷さんの能力に尊敬を感じた記憶がある。その後、「最強シリーズ」は、それぞれのテーマに知見を持つコンサルタントが執筆する形で、『最強の営業戦略』や『最強のシナリオプランニング』などを出版してきた。そのいずれも、A.T.カーニーの蓄積された知見を分かりやすい構成、語り口で余すところなく開示するもので、コンサルタントである私から見ても、いずれも素晴らしい書籍であると感じていた。

　この度、東洋経済新報社様から、「最強シリーズ」の続編の執筆の依頼をされたときには、先輩方が出版された書籍のクオリティに鑑み、畏れ多く執筆などできないと正直思ったものである。一方で、A.T.カーニーは、日本オフィスのみならずグローバル全体で、M&Aの領域で膨大な経験を積み、素晴らしい知見が蓄積されており、当該業界のリーダーであると自負している。それらを日本企業の成長のために、分かりやすく伝えるのも自分の役割ではないかとも感じたのも事実である。

　いざ書き始めてみると、伝えるべきこと、伝えたいことが膨大にあり、ページに余裕があれば、本来伝えた方が良いことも多くあったが、その取捨選択が非常に悩ましかった。実務での悩みに応える、中級者がさらにレベルアップするという要望に応えるという視点から、泣く泣く割愛したというのが実態である。実際、買収後の組織変革のあり方や、売り手視点で少しでも高値で売るための視点については、ページの都合から割愛することとなった。これらのテーマは、今後の宿題として整理したいと思う。

　また、私だけでは整理がおぼつかない内容や検討が薄くなりがちな点に関

し、A.T.カーニーのPEMAプラクティスの経験豊富なマネージャー陣が協力してくれたことで、実務上の悩みに十分応えられる書籍になったのではないかと考える。本書がM&Aのすべてを網羅できていないことは認識しつつも、本書をしっかり理解することによって、一般的なM&A戦略の策定からビジネスDD、PMI・バリューアップの進め方、そこでの分析手法については、買い手として自ら手を動かす場合だけではなく、プロフェッショナルとしてクライアントに十分なクオリティを提供できる水準で習得できるのではないだろうかと考える。

　A.T.カーニーは、「日本を変える、世界が変わる」というメッセージを掲げ日々コンサルティングワークに取り組んでいるが、本書が、日本企業が行うM&Aの成功確率を上げ、日本企業がグローバルで成長する一助となるのであれば望外の喜びである。

●参考文献・参考サイト

『日本経済新聞』2018年6月7日記事

『最強のシナリオプランニング』（梅澤高明編著、東洋経済新報社）

『M&Aを成功に導く　ビジネスデューデリジェンスの実務（第4版）』（PwCアドバイザリー合同会社編、中央経済社）

『企業買収後の統合プロセス』（前田絵理編著・菊池庸介著、中央経済社）

「日本の会社データ4万社」（東洋経済データサービス）

MARR Online

●編著者紹介

久野雅志（くの　まさし）　まえがき、Chapter 1、2、3、9、あとがき
A.T.カーニー　シニアパートナー、PEMAプラクティスリーダー。東京大学法学部卒。
中央省庁を経てA.T.カーニー入社。ビジネス・ブレークスルー大学客員教授。

●執筆者紹介

福士啓夢（ふくし　ひろむ）　Chapter 4
A.T.カーニー　アソシエイト。京都大学法学部卒。新卒でA.T.カーニーに入社。

三野泰河（みの　たいが）　Chapter 5、6
A.T.カーニー　マネージャー。慶應義塾大学法学部卒。新卒でA.T.カーニーに入社。

中森毅（なかもり　たけし）　Chapter 6
A.T.カーニー　アソシエイト。京都大学大学院工学研究科電子工学専攻修了。外資系投
資銀行、日系証券会社、会計系アドバイザリーファームを経て、A.T.カーニーに入社。

横山治樹（よこやま　はるき）　Chapter 4、7、8
A.T.カーニー　マネージャー。京都大学大学院農学研究科応用生命科学専攻修了。新卒
でA.T.カーニーに入社。

A.T.カーニー

1926年に米国シカゴで創業されたグローバル戦略経営コンサルティング会社。あらゆる主要産業分野のグローバル最大手から各国大手企業を中心顧客とし、多様な経営課題に対して戦略策定から実行支援まで一貫したコンサルティングサービスを提供している。

最強のM&A

異質を取り込み企業の成長を加速させる指針と動作

2023 年 7 月 25 日発行

編著者━━久野雅志
発行者━━田北浩章
発行所━━東洋経済新報社
　　　　　〒103-8345　東京都中央区日本橋本石町 1-2-1
　　　　　電話＝東洋経済コールセンター　03(6386)1040
　　　　　https://toyokeizai.net/

カバーデザイン……竹内雄二
本文レイアウト……村上顕一
印　　刷…………港北メディアサービス
製　　本…………積信堂
編集担当………齋藤宏軌
Printed in Japan　　　ISBN 978-4-492-50345-4